THE POLITICS OF
DOWN
SYNDROME

ダウン症をめぐる政治

誰もが排除されない社会へ向けて

キーロン・スミス〈著〉
臼井陽一郎〈監訳〉
結城俊哉〈訳者代表〉

明石書店

ダウン症をめぐる政治
誰もが排除されない社会へ向けて

＊

目次

日本語版への序文

本書『ダウン症をめぐる政治』（2011年）で取り上げたのは、特定の時期、特定の地域のダウン症にすぎない。私は本書執筆時点のイギリスとその政府に話を限定した。けれども、時期も地域も超えた一本の糸が、本書を貫いている。それはこういう問いだ。人間として存在するということはいったい何を意味するのか。そして障がいのある人びとにはどのように接していけば良いのか。ダウン症を事例にこうした普遍的な問いに取り組んだのが、本書である。

「他人と違うことは欠点ではない」。これが本書で繰り返し問題にしたかったテーマである。私は遺伝学者テオドシウス・ドブジャンスキーに感謝したい。彼が観察してきたところによると、「高い評価を受けた優秀な科学者」でさえ、いまだ「生物学が人間の生来の不平等を証明している」という偏った考え方をする傾向にある。けれども彼がみてきたように、実際には「高いＩＱをもつ人だってどうしようもなく悪徳で自己中心的で怠惰で汚らわしい人はいるものだし、ＩＱが低いとしても、親切に人を助けようとして一生懸命に働く責任感の強い人はいる」。有名な進化論生物学者のリチャード・ドーキンスは、２０１７年にサンデータイムス紙のインタビューに答えて、またぞろこんなことを言い放っている。ダウン症の検査が陽性なら、思慮をもってなすべきことはただ一つだ。けれども、そのまま産んでしまうこともあろう。その場合はきっと、「感情で理性を上書きしてしまった」のだろう、と。

「問題は保健政策に」という章で、私は国家が進める出生前診断について検討した。ここ数年のうちに、国家はますます個人の領域に介入してくるようになった。私はこの介入を問題にしたかった。それに加えて、なぜダウン症は特別扱いされるのかについて（ダウン症の出生前診断に関しては人道主義が問題にされる場合が特段に多い)、考えるきっかけにしたいと思った。その事例として、サイモン・バロン=コーエン教授の発言を引いておきたい。彼は自閉症とダウン症を明確に区別して、次のように言う。「仮に自閉症の出生前診断があったとしましょう。それは望ましいことでしょうか。自閉症スペクトラムのある子どもが一切いない社会ができたとして、私たちはそれによって何かを失わないでしょうか。議論を始めるべき時がきたのです。すでにダウン症のための検査は存在していますす。それは合法で、人工中絶を選択する権利が普通に行使されています。けれども、自閉症の場合は才能と結びついているのです。ダウン症とはまったくもって条件が異なるのです」(傍点は原著者の強調)。

教育についての章では、再びイギリスの特殊な状況を取り上げた。ただ、議論はより普遍的なものにした。ダウン症のある人びとをインクルーシブ教育(第2章参照)に受け入れていこうとするとき、教育が果たすべき役割は何であろうか。チャレンジすべきことは何であり、それはどのようにクリアすべきなのか。政治は教育を新自由主義的な方向へと引っ張っていった。「違い」のある人びとにとって、それは難しい状況をもたらしている。自分の子どもがインクルーシブ教育に受け入れられるように、世界中の親たちが闘っている。そしてその闘いが、社会や職場におけるインクルージョン（包摂）のあり方に対して、実に広範に影響を与えているのである。

「フランキー・ボイル」を取り上げた章では、社会がダウン症について抱いている見方を探究した。ダウン症は「視覚的に目立つ」。だからスティグマ（社会から押しつけられる差別）の性質について考えてみる必要がある。そして私はこの問題を「国家と個人の関係」という章でさらに詳細に考察してみた。私の見立てはこうだ。社会はスティグマを押しつけ、国家は介入主義を進める。このような状況にあって、私たちは国家の政策に夢遊病者のように付き従ってしまいかねない。その国家の政策は決して全人類に資するようなものにはなりえないはずなのに、無自覚のうちに国家の政策に従ってしまいそうだ。知能テストについて素晴らしい本を書いたアメリカの進化論生物学者ステファン・ジェイ・グールドが次のように語っている。「不平等という罪を犯したのは、本来は政治であるはずなのに、(その不平等は生まれながらの本性によるものだと言い換えられて)自然自体がこの罪の共犯者にされてしまっている」。

技術は進歩するほどに切迫した問いを投げかけてくる。出生前診断はなぜ、何のために実施されるのか。たとえばアイスランドだ。この国は史上初めてダウン症を根絶した国の一つである。この中絶率100%に次いで高いのが日本の90%だ(1)(そしてイギリスもまたそれくらいの数値になる)。本書は反中絶の立場を広めようとするものではない。断じて違う。そうではなく、産むか産まないかをどうやって決定したらいいのか、その議論を呼び起こしていきたかったのだ。

キーロン・スミス

(1) 2016年4月25日の毎日新聞によれば、日本の中絶率は96%以上に達している。

序章

私の子は他の子より染色体の数が多い

ダウン症と政治の関係について取り上げた書物は、本当に少ない。私たちの日々の生活のなかで、社会の営みに必要なさまざまな決定が下されるとき、ダウン症は当たり前の存在であるといえるだろうか。ダウン症にかかわる医療やダウン症のある人びとの自立について述べた書物は、それこそおびただしい数にのぼる。学術的見地からその障がいに迫った書物も多い。本書のねらいはそのいずれとも異なる。ねらいは政治にある。国家や社会がどのようにダウン症のある人びとを扱ってきたのか。より良い方向に変えていくにはどうしたら良いのか。なぜその方向が良いのか。そうした問いを投げかけてくる政治への関心、これを本書で喚起したい。

私が社会なるものを理解していく上で計り知れない助けとなったのが、５歳の私の娘であった。とても美しい娘である。ちなみに彼女にはダウン症がある。彼女の成長過程は実に多くのことを教えてくれた。私がこれまでに聞き及んできたダウン症についてのさまざまなことがらは、そのほとんどが誤りであった。私は彼女に影響を受けている。彼女がいてくれたからこそ、本書を書き上げることができた。心からそう言える。ただそれでも、本書は決して、彼女についての本ではない。

本書はまた、「親の体験談」でもない。彼女の成長についての個人的な思い出など、書きたくはなかった。本書は社会についての書物である。社会なるもの、彼女の役割をフルに活かしてくれることもあれば、そうでないこともある。彼女が政治に参加する権利を剥奪してしまうこともあれば、彼女の人生のポテンシャルを損なってしまうことだってある。もちろん、自分の人生を完全に価値あるものとして生き抜いていると実感している人など、そうそういるものではない。私の娘がそう感じてくれたら、もちろんうれしいとは思うが、そうでなくてもかまわない。ただ、その原因が彼女に立ちはだかる偏見や無視によるものでなければ、

だ。

　ダウン症のある人びとは、現在世界中で580万人を超えると見積もられている。(1) ダウン症には人種や階級、年齢など、まったく関係ない。およそ600から1000人に一人の赤ちゃんがダウン症をもって生まれてくる（翻訳時の数値）。イギリスでは6万人(2)（ダウン症協会 Down's Syndrome Association による）、アメリカは40万人(3)（国立ダウン症協会 National Down Syndrome Society：以下NDSSによる）の人びとがダウン症という特性をもって暮らしている。そのアメリカの場合、ダウン症のある人びとの平均余命は1983年にわずか25歳であった。それが現在では60歳である(4)（NDSS）。まさに劇的に延びている。

　ここ20年ほどの間に、社会は大きく変わった。長期入所施設は閉鎖され、地域ケアという方向が打ちだされた。それまでダウン症のある人びとは地域社会にあって侮蔑され続けていたのであるが、この地域ケアの動きを通じて、多くの人びとが救われることになった。ダウン症に関する医学的知識も豊富になった。ダウン症のある子どもたちは普通教育課程に入るようになった。1970年代の初期にいたるまで、そんなことはまったくもって考えられなかった。ダウン症のあ

(1) 2011年の時点で、およそ全世界で600万人のダウン症のある人がいると言われているが正確な数は明らかではない（グローバル・ダウン症財団のホームページより。http//www.globaldownsyndrome.org/abt-down-syndrome/fact-about-down-syndrome/）

(2) イギリスには2018年現在ダウン症のある人が4万人いるとされる。https://www.downs-syndrome.org.uk/about/general/

(3) アメリカ疾病予防管理センター（Centers for Disease Control and Prevention: CDC）の2008年のデータ

る子どもたちは、教育課程から排除されていたのである。

　ダウン症の代名詞であった心疾患は、医学の進歩によってはるかに簡単に治療できるようになった（平均寿命が普通と変わらなくなった理由の一つがこれである）。研究は進み、余分な染色体をもつことで、かえっていくつかのガンを予防することが可能らしいことも分かってきている。ダウン症があること自体、痛みをともなうわけではないし、苦しいわけでもない。それなのに、保健政策が有無を言わせず、ダウン症のある人びとの生存〝リスク〟を評価してしまう。結果として、誕生の機会が奪われていく。

　ここで強調しておかなくてはならないが、本書は決して、中絶という女性の選択に反対する立場をとるものではない。必要に応じて中絶を選択することは、すべての女性の権利でなければならない。私はそう信じている。本書はむしろ、「保健政策」を問題にするものである。女性にダウン症根絶への道を歩ませたのは、まさにこれであった。しかもそれは適切な情報に基づく決定というにはほど遠いものであった。

　１９７０年代以降、教育は大きく変わった。インクルーシブ教育(5)の芽吹きが始

によれば、25万７００人（https:// www.cdc.gov/ncbddd/birthdefects/downsyndrome/data.html）、出生率は６０００人に1人とあり、はっきりしない。アメリカにおけるダウン症のある人の平均的な寿命は、ＮＤＳＳは60歳、ＣＤＣは２００７年のデータで47歳とする。なお、日本の場合、明確なデータは見当たらず、匿名のブログで5万人と紹介するものがある。https://down-syndrome.biz/%E3%81%9D%E3%81%AE%E4%BB%96/%E3%83%80%E3%82%A6%E3%83%B3%E7%97%87-%BA%E6%95%B0/

(4) 出生率は８００

まった。もちろん多くの場合、その経験は人によってさまざまであり、とくにダウン症のある人びとが普通の教育を普通に受けるなんてことは、依然として許されるものではなかった。しかも全体としてみると、教育はますます政治的対立の焦点にされてしまっていた。「特別教育ニーズ（SEN：Special Educational Needs）」[6]が必要な生徒への対応は混乱し、個別にもまた政策としても、数値的な目標ばかりを強調する方向へ引きずられていった。

私たちの現在の状況についていうと、イギリスで新たに誕生した連立政権[7]が、「インクルーシブ教育への思い込み」はもう終わりにしようと話し始めている。現政権の任期中、これは重要な議論になっていきそうである。学校教育のモデルを変えていくのなら、一部の児童・生徒が置き去りにされないようにしなければならない。

かつてダウン症のある子どもたちは読むことを学習できないとみられていた。けれども、考えてみよう、言語を使わずにいったいどうやって周囲の世界を把握しているというのか。難しいことこの上ない。私たちが自分たちの世界について学ぶとき、どうしたって言語が必要になる。ダウン症のある人びとは視聴覚教材

人に1人、平均寿命は50-60歳とされる（西山深雪『出生前診断』ちくま新書、2015年、52ページ）。

(5) 一緒に学ぶために必要な個別の支援を行い、障がいがあるなどの特別な教育ニーズのある子どもたちを普通学校で受け入れる教育のこと。本書では教育にかかわる文脈で「インクルーシブ教育」、それ以外では「包摂」「共生」などと訳し分けている。

(6) 専門的には「特別教育ニーズ」とも言われる。障がいがある子どもに対するイギリスの教育制度の

を通じた学習にとくに秀でていることがすでに分かっている。ただあまりにもそれに偏るようになってしまったため、そうした人びとはかえって、話すことあるいは言語そのものの学習に特別な難しさを感じるようになってしまった。たとえどれほど言語なき視覚による記憶に秀でていようと、読むことを学習できれば、世界の解釈に大いに役立つはずだ。

こうした視聴覚能力を発揮できるようになったのは、社会がインターネットや３Ｄスクリーン映画、ビデオゲームやＴＶといった方向へ全体として発展していったこととの恩恵でもある。私たちの社会は、ビジュアルを通じて刺激し合う方向へ変貌を遂げてきた。ダウン症のある人びとが就くことのできる仕事は、多くの場合、単純で退屈なものに限定されがちであったが、一定の環境や支援が整えられた場合、そうした人びとの能力は、俳優やフォトグラファー、アーティスト、ステンドグラス職人、講師、作家として、その才能を開花させている。まさに他の普通の人びとと同じように、多様な仕方で、自分自身を表現しているのである。

本書はこれまで「ダウン症（Down Syndrome）」と表記してきたが、一般には、Down'sとアポストロフィーs（'s）が付けられることが多い。これはイギ

総称。詳しくは第２章参照。

(7)２０１０年発足の保守党・自由民主党連立政権。

リスで広く用いられている記載法である。アメリカではその所有格は使われない。Down's Syndromeという表記は医師のジョン・ラングドン・ダウン（John Langdon Down）に由来する。私は個人的には所有格を使わない表記のほうを好んでいる。ダウン博士本人がダウン症であったかのようであるし、そもそも人名由来の病名は一般的に（イギリスでは）もうすたれつつあるはずなのだ。[8]

1858年に医学博士の学位を取得したのち、ダウン博士は当時その運営が危ぶまれていたアールズウッド精神薄弱者保護院（Earlswood Asylum for Idiots）に「最高監督官」（superintendent）として赴任する。精神異常法検討委員（Commissioners in Lunacy）としての関心によるものであった。彼は保護院の環境や入院患者の処遇改善に尽力したと伝えられている。1868年には方針の違いからそこを去ることになるが、在任中の彼の功績には実に大きなものがあった。当初辞任したその年に彼は妻とともに、ノーマンズフィールド施設を開設する。当初は19人の入所者からスタートしたが、彼が亡くなる1896年には160人に達していた。この施設の目的は、上流階級の障がいのある子どもたちに学習とケアの機会を提供することにあった（Borsay 2005）。

(8) 本書では、現在では差別的かつ不適切な日本語を含む場合でも、以前広く使われていた訳語を用いることがある。これは、ダウン博士の研究等といった19世紀の風潮に対し、本書を通じて著者が批判的に検討しているからである。参考として『ダウン症の歴史』デイヴィッド・ライト、大谷誠訳／公益財団法人日本ダウン症協会協力、明石書店、2015年。

1866年にダウン博士は自分の患者にある特有の人種的特徴を見いだせるのではないかと考えるようになる。当時はビクトリア朝時代であったが、ダウン博士は、アールズウッドに所属していた。そして論文「知的障がい者の人種分類の観察」を発表する。彼は20世紀の多くの医師と同じように、次のような考えを心に抱いていた。能力と人種の間には一義的な関係があり、それゆえ民族の間には能力の優劣関係が認められる、と。

彼はその論文で次のように記している。「私はここのところ、とある可能性に注意を向けている。それは、さまざまな民族的特徴を基準に、精神薄弱者を分類できるのではないかという可能性である」。こう述べつつ、彼は自ら観察した精神薄弱者を、その「出身階級」とはまったく無関係に、むしろその民族について、継続して調べ上げていった。今日に至るまで彼の名が記憶されることになった「発見」が、まさにここにある。

先天的な精神薄弱者のほとんどは、典型的な蒙古《もうこ》人型である。その特徴はあまりにも顕著で、横に並びでもしたら、同じ両親をもつ子どもではないといっても、にわかには信じがたいほどだ。蒙古人型に分類できる精神薄弱者の数はとても多く、精神的な活動の能力という点でも、非常に似通っている。私が観察したなかでも、この人種型に分類される事例が大部分を占めている。その事例から見えてくる精神薄弱者の特徴について、以下に記しておく。

実際の蒙古人種と同様、髪は黒くなく茶色がかっていて、直毛で量は乏しい。顔は幅広く平べったく、彫りの深さは認められない。頬は丸みを帯び、横方向に広がる。目は斜めに貼りつき、内眼角の部分が通常はみられないほど離れ、瞼裂《けんれつ》はきわめて狭い。

額には横皺がみられる。それは目を開けているときに、眼瞼挙筋《がんけんきょきん》（瞼《まぶた》を動かす筋）が後頭前頭筋を使おうとするからである。口唇は大きく分厚く、横裂をともなう。口舌は長く分厚く、ざらついている。鼻は小さい。肌は薄黄色く汚れた色合いで、弾力に乏しく、身体は実際より大きめの印象を与える。そのため事例が少年の場合、その子がヨーロッパ系であると認知するのは難しい。ある民族にその特徴が頻繁にあらわれるとしたら、その民族のその特徴は、まさに疑いもなく、退化の帰結であると言いうるであろう。

精神薄弱者のなかでこの蒙古人型の発生率は、私の手元の事例でみるかぎり10％を超えている。いずれもの場合も先天的な精神薄弱であり、子宮内で生じたアクシデントによるものではない。

言うまでもなく、ダウン博士がある民族的特徴を退化だとみなしたのには、時代風潮が影響している。この論文が発表されるちょうど7年前に、ダーウィンの『種の起源』が刊行されていた。ただしダウン博士の見立ては、進歩的でもあった。彼は自らの論文を次のような宣言で締めくくっている。「人類にみられる退化の帰結についての以上のような事例の存在は、人間という種の単一性を確証するためのいくつかの議論を提示してくれているように私には思えるのである」(Down, J.L.H. 1866)。

もちろん、退化についても民族的特徴についても、彼は全面的に間違っている。ダウン症のある人びとの多くは目の上に内眼角贅皮《かくぜいひ》つまり蒙古襞《ひだ》がみられるのだが、彼はこれをもって、「民族的類型」を特定する主要な「特徴」だとみなしてしまった。

ビクトリア朝時代、民族の劣性による説明はごく普通のことであった。ダウン博士が論文を発表した1866年がまさにその時代で、大英帝国の絶頂期はいまだ到来していなかった。この知見は第二次世界大戦まで、全体として優勢でありつづけた。その大戦時に、知識人の忌み嫌う遺伝学的人種差別主義を明白に支持したのが、まさにナチスであった。

たとえどんなに時代遅れの不快な用語であるとしても、「蒙古人型精神薄弱者」や「蒙古症」、「蒙古人」といった語の使われ方は、1960年代になるまで続いた。転換点は1965年に訪れた。その年、モンゴルがWHOにこの語の使用について異議申し立てを行い、以後、その語は使われなくなり、ダウン博士の名前だけが、今に至るまで残ることになった。

本書では繰り返し、偏見、不十分な科学研究、生物学的決定論、そして社会的適者生存の考え方について取り上げていく（生物学的決定論とは、遺伝が人の将来を決定する、つまり〝自然的必然性の秩序〟が存在するのであり、〝城の富める者も、門の貧しき者も〟すべて、私たちの行き場所は定められているという考え方である）。ステファン・ジェイ・グールドは名著『人間の測りまちがい――

差別の科学史』（*The Mismeasure of Man*）のなかで、ＩＱテストの性質と人間の知性について、コンドルセ[9]を引きながら次のように述べている。「遠い昔コンドルセが述べたところに従えば…『自然そのものを政治の不平等という罪の共犯者にしてしまった』のが、まさにＩＱテストなのである」（Gould, S.J. 1984：21）。

ダウン症は民族の退化形態などではない。それは染色体が不規則なものとなり、21番目の染色体が1本追加されたにすぎない（通常の染色体はペアになるのが、この場合はそうならない）。それゆえダウン症は時に「トリソミー21[10]」と呼ばれることもある。この不規則な染色体が発見されたのは１９５９年のことであった。通常は細胞ごとに46の染色体が存在しているのに、ダウン症の場合、47であることがジェローム・ルジューヌ[11]教授によって証明されたのである。

けれども、保護施設が閉鎖され、医学的知識が染色体の性質について説明できるようになった現在にあってもなお、私たちはビクトリア朝時代の考え方に引きずられている。亡霊は文化のなかに息づいている。依然として決められた髪型が強制され、同じような服を着せられ、集団で外出させられる。ステレオタイプを貼り付けられ、孤独と排除を押しつけられ、誤解とスティグマにさらされている。

(9) ニコラ・ド・コンドルセ(1743-1794)。フランスの政治家、数学者。フランス革命後のフランスの公教育システムの発展に寄与した。教育の権利の平等などを訴えた。

(10) 対になっている染色体(chromosome)が三つある状態をトリソミー(torisomy)という。21トリソミーは21番目の染色体が三つあること。

(11) ジェローム・ルジューヌ(1926-1994)。フランスの遺伝学者。21番目にトリソミーがあることを発見した。中絶ダウン症のある人びとには声を上げる機会が与えられていない。ほんの少数の、特筆すべき例外が存在しているだけである。たとえばアーニャ・ソウザ[12]やカレン・ガフニー[13]がいる。そうした例があるにしても、ダウン症は本書がやがて明らかにしていくように、多くの場合、拒絶されてしまう。ダウン症はその外見上、まずもってたんなる個人の健康問題にされてしまいがちだ。私はそれとは真逆のことを本書で論じていきたい。政治の広範な問題こそが考察されるべきなのである。誰かを社会から排除したら、そのマイナスは社会のすべての人びとに及んでしまう。もちろんインクルージョン（包摂）は難しい。しかし、私たちが人間の可能性を引きだすような社会を作り上げることができるとすれば、そのインクルージョン（包摂）こそが絶対に不可欠なのである。

にも反対し、その意思を継いで財団が設立された。

(12) イギリスで活躍する女優。

(13) ポーランド大学で名誉博士号を授与された学者。

第1章

問題は保健政策に

数年前、イギリスの医療研究倫理委員会の委員たちに、妊娠時の出生前診断[1]について質問が寄せられた。治療目的で出生前診断を実施することは、倫理上問題になるかどうかという問いかけであった。

次の(a)から(g)のリストをみて、出生前診断が倫理上問題になるのはどの場合か考え、判断してみてほしい。

(a) 生まれてくる赤ちゃんの生命が危ぶまれるかどうかを知るため（新生児治療が目的）。

(b) 赤い髪やそばかすがあるかどうかを知るため（人工妊娠中絶が目的）。

(1) 日本胎児生命科学センターによれば、「出生前診断とは、羊水穿刺や超音波検査などによって、生まれる前に赤ちゃんの病気や奇形の有無を診断することを言います。しかし、広い意味では、赤ちゃんが産まれる前の子宮での状態を診ることはすべて出生前診断と言えます」と定義している。日本産

(c)　平均余命が10年減少するかどうかを知るため（人工妊娠中絶が目的）。
(d)　平均余命が50年減少するかどうかを知るため（人工妊娠中絶が目的）。
(e)　潜在的学習能力がわずかに劣るかどうかを知るため（人工妊娠中絶が目的）。
(f)　潜在的学習能力が平均以下であるかどうかを知るため（人工妊娠中絶が目的）。
(g)　学習が著しく困難で先天的な心臓病を抱えることになるかどうか、ただし平均余命の減少はわずかなものですむかどうかを知るため（人工妊娠中絶が目的）。

出生前診断の実施に最も多くの賛同が得られたのは、当然ながら(a)であった。(b)の赤い髪やそばかすの有無を知るための出生前診断に倫理上問題なしと回答したのは、ごく少数だった。(c)についてはそのほとんどが反倫理的だとする回答となった（調査の実施にあたってここでは2型糖尿病が想定されていた）[2]。(d)の平均余命50年減少の場合、嚢胞《のうほう》性線維《せんい》症[3]が想定されていたのだが、出生前診断実施の是非については見解が分かれた。(e)、(f)の学習困難の有無を調べるための出

婦人科学会によれば、その目的を「妊婦の管理は、母体が安全に妊娠・出産を経験できることを旨とするが、同時に胎児の異常を早期に診断し、もって児の健康の向上、あるいは児の適切な養育環境を提供する判断材料に資するものでもある」と記している。わが国では侵襲性の低い（お母さんや赤ちゃんに危険性が低い）検査として、超音波検査、MRI、高いものとして、絨毛検査、羊水検査、胎児血検査がある。赤ちゃんに病気があることがわかった場合、妊娠を継続するかどうかが、大きな問題となる。

生前診断は、ほぼ全員が倫理に反すると回答した。そして(g)についても、出生前診断実施反対が多数となった。ちなみにダウン症の説明にあたるのが、その(g)であった（Archivist 2003：607）。

実はダウン症のための出生前診断は、２００４年以前にすでに実施されていた。おもに35歳以上の高齢の母親を対象とするもので、彼女たちは〝リスクが高い〟とみなされていたのである。２００３年に当時の労働党政権は『われわれの遺伝、われわれの未来――国民保健サービス（ＮＨＳ）に遺伝学の可能性を活かす』と題する白書を公刊している。その白書で政府は次のように主張していた。「遺伝学の知見のおかげで診断はこれまで以上に正確となり、より詳細な個体情報に即してリスクが予想されるようになり、一人ひとりの遺伝情報を利用した新薬や治療法がますますこれからの医療と保健（healthcare）に浸透していくことになるだろう」。

こうした見通しのもと、政府は２００４年もしくは２００５年までにすべての妊婦にダウン症の有無を調べる出生前診断の機会を提供したいとしていた。

この公約は実を結ぶ。今や女性がこの種の検査を受けるのはごく普通の風景と

(2)最も一般的な糖尿病で、高血糖値の状態が続き、脳梗塞や心臓病などさまざまな病気を引き起こす恐れがある。

(3)肺、膵臓、肝臓、消化管、汗腺、精巣など全身の外分泌腺の正常なはたらきを阻害する疾患で、粘っこい分泌液が各器官の管に詰まり、呼吸困難や消化機能の低下を引き起こす、致命的な難治性疾患の一つ。かつては6〜7歳が平均寿命とされていた遺伝性疾患。

なった。出生前診断は国民保健サービスにとって当たり前のサービスになったのである。

出生前診断を通じて赤ちゃんが健康に生まれる見込みが高いことが分かれば、あなたは安心して過ごすことができます。もしあなたの赤ちゃんが何らかの特別な事情をともなって生まれることが事前にわかっていれば、それに備えることもできます。望まないのなら、出生前診断を受ける必要はありませんが、受ければ専門家チームがあなたに最善のケアを提供することができます。妊娠中のあなたとお腹の赤ちゃんを、共にサポートしていくことができるのです。

(NHS 2010)

実際、妊娠中の女性が検査を断ることはない。

こうして出生前診断が妊婦にとってごく当然の検査となったとき、ある強力なメッセージが発せられることになる。ダウン症は出生前診断のための国家的プログラムが必要とされるほどに深刻な問題なのだ、と。これはイギリスだけの話ではない。他の多くのヨーロッパ諸国も同様である。(4) 妊娠中のほとんどの親が出生前診断を義務であると思い込み、国民保健サービスは信頼に足るケアサポートを提供していると信じている。そのためこの道を進んでいけば結果として、ダウン症はほぼ不可避的に根絶されることになる。このことに自覚的である人は、実に少ないのが現状だ。

出生前診断は個人の選択の問題であると主張されることが多い。けれども、ダウン症（トリソミー21）に関するかぎり、出生前診断が保健政策の一環として実施されているという事情がある。ダウン症以外のたとえばトリソミー13（パトウ症候群(5)やトリソミー18（エドワード症候群(6)）の場合も、やろうと思えば出生前診断が可能だ。しかし子を授かった親にその診断が提案されることはない。実際のところ、政府が２００３年に公表した『遺伝学の未来』では、どこまでが保健政策として実施可能で、どこまでが個人の選択に任せるべきなのか、数々の課題が提起されていた。

イギリスで出生前診断の対象となる疾患は、実は非常に少ない。すでに述べたように、出生前診断を実施するかどうかを考えるために、倫理委員会でいくつか

(4) アメリカでは、２０１３年の時点で出生前診断でダウン症と判断されたうちのおよそ75％が中絶を選択しているという。侵襲性の低い新型検査が定着すれば、その数が増えると予想されている（読売新聞 https://yomidr.yomiuri.co.jp/article/20131205-OYTEW52123/）。国家政策としてスクリーニングを推進する中国では毎年１３０万人が中絶し、うち26％がダウン症が原因とされている。ダウン症と分かった時の中絶率は２０１１年で95％に及んだ(https://www.whatsonweibo.com/china-end-syndrome/)

の問いが考えられているのだが、そのうちの(d)に当たるもの、つまり、嚢胞性線維症で平均余命50年減という場合についていうと、委員の意見が分かれたものの、一応は脆弱X症候群の場合と同様に、出生前診断がありえるケースとされた。技術も特別なものは必要でなく、ダウン症の出生前診断と同じものが使える。そうであるにもかかわらず、そうした疾患について、国は誰でも利用できる出生前診断プログラムを提供しているわけではない。

イギリス出生前診断委員会は、イングランドにおけるダウン症の出生前診断プログラムのために、「陽性率2％未満で検出率90％以上[7]」（Benchmark time frame: by April 2010）という判断基準枠（outcomes and benchmark time frames）を推奨している。

２００９年1月に自閉症の出生前診断がガーディアン紙の一面を飾っているが、その記事によると、近い将来、自閉症の出生前診断がケンブリッジ大学自閉症研究センター所長サイモン・バロン＝コーエン教授らの研究によって可能になるという。しかし報道はのちに撤回される。教授らの研究は、出生前診断についての研究ではなかったのである。興味深いのは、記事をきっかけとした議論であ

日本の場合、毎日新聞（２０１７年７月13日）によると、新型出生前診断を受診した人は、検査を始めた４年間で計４万４６４５人。４年目は約１万４０００人で前年より１２００人増えた。染色体異常の疑いがある「陽性」と判定され、さらに別の検査に進んで異常が確定した妊婦の94％が人工妊娠中絶を選んでいたという。

(5)単眼症、口裂症などを引き起こす遺伝子疾患。

(6)低体重や顎、耳の奇形などをともなう遺伝子疾患。

る。そこにはダウン症に対する偏見が露骨に示されていた。検査は「産まないための検査だ」とする暗黙の理解が、まさにあぶりだされてしまった。報道によると、バロン＝コーエン教授は次のように語ったと言う。

「仮に自閉症の出生前診断があったとしましょう。それは望ましいことでしょうか。自閉症スペクトラムのある子どもが一切いない社会ができたとして、私たちはそれによって何かを失わないでしょうか」。彼は次のように続ける。「議論を始めるべき時がきたのです。すでにダウン症のための検査は存在しています。それは合法で、人工中絶を選択する権利が普通に行使されています。けれども、自閉症の場合は才能と結びついているのです。ダウン症とはまったくもって条件が異なるのです」(Boseley, S. 2009)

出生前にダウン症を見つける診断の精度を高めるには、三つの壁を超えなければいけない。一つは胎児へのリスクである。検査の身体への負担は本当に大きい。身体への負担がなく「ダウン症を確実に見つけだす出生前診断」は、実に難しい。

(7)(a)有病者において検査が陽性となる数、(b)無病者でも検査が陽性となる数、(c)有病者において検査が陰性となる数、(d)無病者において検査が陰性となる数とした場合の、総数における、全陽性者の割合のこと((a＋b)／(a＋b＋c＋d))が「陽性率」。有病者総数において、有病者を陽性として発見(検出)する確率が「検出率」(a／(a＋b＋c＋d))。無病者を有病者として誤診してしまうことも多いため、検査の精度の基準として用いられる。

これを可能にする検査法は「聖杯」とさえ呼ばれる（ステファン・ロブソン教授。王立産科婦人科学院スポークスマン（Wilkinson, E. 2010））。身体の負担が少ない検査だと、精度が落ちてしまう。正しい診断の確率は75％ほどにすぎない。これが二つめの壁だ。そして女性たちはいつも必ず政府の方針通りに行動するとは限らない。これが三つめの壁になる。

医療で「聖杯」を目指せば、多額の金がかかる。ましてや国家計画として出生前診断プログラムを進めようとすれば、なおさらである。そのためか、歴史的にみると出生前診断の検査法開発により多くの金が投資され、ダウン症のある人びとを支援するために支出されている額をはるかに超えている。これは世界的にみられる現象である（Gibson 1978：282）。投資の規模は小さいが、スキャンダルも起きている。とあるアメリカ企業が身体に負担のかからないシンプルな検査法を開発したと宣伝し、株価を大幅に上昇させるということがあった（２００８年6月から09年1月の間に7・66ドルから22・60ドルに）。

「これはダウン症だって、確実に分かるんです。検査の結果ダウン症だと判断するのに、何の問題もないんです」。研究開発担当副社長エリザベス・ドラゴンは2008年のプレゼンでこう力説していた。けれども、それはウソだった。証券取引委員会の調査によれば、検査結果の正診率はだいたいのところ、70〜80%ほどにすぎなかった。(Tragester 2010)

会社は検査結果の精度がたしかなものでないことを認める。そして株価は一気に76%も下落した(Armstrong 2010)。

ダウン症教育インターナショナル(Down Syndrome Education International：Downsed)が『不当な死、正当な生』(*Wrongful Deaths and Rightful Lives*)と題する報告書を出している。調査研究を主目的とする教育慈善団体であるが、その報告書が力説するところによると、国の政策も医師の行動も、ダウン症のある人びとの生に、価値を見いだそうとしていないと言う。ダウン症を出生前に見つけだそうと一生懸命になり、多くの妊娠が中途で終わりにされている。なかには胎児にダウン症がみられなかった場合もある。

毎年世界中で何百万人もの妊娠がダウン症の出生前診断に左右されている。検査で陽性となっても、その判定のほとんどが間違いである。それなのに身体に負担をかける診断方法はいっそう推奨され、お腹の赤ちゃんはますます危ない目にあっていく。そしてそのダイレクトな帰結はこうだ。ダウン症のない多くの赤ちゃんの命が失われていく。(Buckley, F. and Buckley, S. 2008 : 79)

出生前診断は遺伝子検査の進歩によってかなり改善されそうだ。妊娠初期３カ月の検査ならリスクも低い。ダウン症だと判明した場合に中絶を選択する率も、格段に高くなろう。驚くべきことにその率はすでに91％を超えている――これはアメリカ、ニュージーランド、フランス、シンガポールでもみられる高さだ。これがいっそう高まったとしても、決しておかしくはない。

こうして中絶を選択する割合が高くなり技術が改善していくという予測にうながされるようにして、ボストン小児病院のブライアン・G・スコトコ(8)は２００９年の著作『幼児期疾患アーカイブ』(*Archives of Disease in Childhood*) のなかで次のように訴えている。「ダウン症のある赤ちゃんは、新しい出生前診断の検査法

(8) 現在、マサチューセッツ総合病院のダウン症プログラム・ディレクター。ダウン症のある兄弟をもつ医師で、日本でも数多くの講演経験があり、翻訳書が出版されている。

によって、ゆっくりと、消えていくことになるのだろうか」。彼によると、ダウン症があると予想される赤ちゃんの誕生は、アメリカで49％、イギリスでは58％減少している。国ごとに差はあるにしても、トレンドとしては低下していると言う（Skotko 2009：823）。

ここ数年の間に、西欧では政府がますます個人的な領域へ介入するようになった。世界的な趨勢だとは言えないが、介入はこれまでになく強く、健康や生活全般に及んでいる。肥満から子育ての仕方まで、ありとあらゆる領域を網羅している。政府は介入を進めていく意図を理解してもらおうと、「支援のための情報」を提供している。この支援について、とある評論家は次のように記している。「支援」は誰かが望んだものではない。「政府が望んだ方向に進むようプレッシャーをかけるというのが実際のところだ。人びとの選択の仕方に影響を与え、健康を増進する。それがねらいなのである」（Furedi 2005：148）。

こうした人々の公的な生活領域に対する介入は、解放運動になじみ深い用語で表現されることが多い。ジジェク[9]によると、これは「ポスト68年の資本主義精神[10]」だという。たとえばアフガニスタンに軍隊が投入されたのはまさにこの精神

(9)スロヴォイ・ジジェク（1949〜）。スロベニアの哲学者。2001年9月11日の同時多発テロや2008年の金融危機から、資本主義を根本的に批判している。上記の「介入」については、本書41ページを参照のこと。

に基づくものであり、それは女性の権利を守り女性の解放を進めるためだということにされてしまう（Žižek 2009 : 58）。リベラル派のレトリックでもって介入主義的な国のやり方を表現してしまうというこのやり口は、ダウン症の中絶を経験したオランダの母親たちの考え方（Skotko 2009 : 824）に如実にあらわれている。彼女たちにとって、「ダウン症は〝耐えられないほど酷い異常〟であり、子どもたちには〝克服できないほど重い負担〟」なのである。学習困難からの解放を目指してダウン症の根絶が進められるとき、そこからみえてくることがある。〝適切な情報により熟慮された選択〟（informed choice）を実現するためにも、その情報を手にできなければならないのだが、その情報入手の仕方が、まさに特別に管理されているのである。

　大急ぎで言いそえておきたいのだが、私は、妊娠中絶は女性の基本権であるとする立場に立つものである。ただし、それは適切な情報により熟慮された選択でなければならない。決して政府に管理されるものであってはならない。実際のところ、事前に検査について説明があり、検査法も改善され、出生前診断がごく日常的なものになっていけばいくほど、選択の余地などまったくないという考え方

⑽68年の大学闘争を経験した後の資本主義の精神（the post '68 spirit of capitalism）のこと。従来のトップダウン方式の生産体制から、労働者の自主的なネットワーク形成、平等主義的な組織形成が進んだが、逆にそのなかで労働者は抵抗する力を失っていったことを指す。

がますます浸透していくことになる。

２００７年にアメリカ産婦人科学会（ＡＣＯＧ）が男女の産み分けに反対する立場にたつことを明らかにしているが、その理由は、「性差別主義者の価値観」(Skotko 2009：825より引用）に甘い態度をとる社会になってしまいかねない、というものであった。けれども、スコトコが問題にするように、その当の産婦人科学会は、ダウン症を見つけだすための出生前診断を支援してきたのである。これは結局のところ、「障がい者差別がはびこる情況を承認する」ことを意味していないだろうか。

コスト・ベネフィット分析(11)

経済の論理が保健政策に与える影響には、圧倒的なものがある。煙草をやめさせれば、国家の医療費は削減される。国家財政に余裕がない以上、政府は増大する保健政策予算に何とか対処しなければいけない。国民の健康増進に取り組む一方で、国家財政を均衡させなければならない。

西欧の国家は、着実に私たちの個人的な領域に入り込んでいる。喫煙が禁じら

(11) 費用対効果。投資によりどれだけ利益が得られるかの分析。

れ、飲酒に制限が加えられ、子育ても指導される。そしてそれは道徳の問題だとされるのだが、そこには政治もぴったりと貼りついている。個人一人ひとりが自分の意思で消費を楽しめるようになるべきだとした考え方が浸透した社会――個人化した消費者社会――にあっては、とくに驚くようなことではないかもしれないが、政府による国民の健康への介入は、多くの場合、まさしく個人に対する道徳の推奨なのである。

ジジェクはその著書『ポストモダンの共産主義（*First as Tragedy, Then as Farce*）』のなかで、保健政策それ自体のどうしようもない無意味さを指摘している。彼は、とあるホテルの壁に貼られた禁煙についての説明書きに注目する。その貼り紙にはこう書かれていた。「（禁煙は）当ホテルでのご滞在が十分に快適なものになるようにするための措置であります。違反された場合には２００ドルお支払いいただきます」。

ジジェクがここに見いだしたのは、「こうした規程を文字通りにとれば、客は煙草を吸うことによって快適に過ごすのを拒否した場合、罰金を科されることになる」という事態である（Žižek 2009：58）。国家による保健政策がまさしくこれにあたる。それは「国民一人ひとりのために」実施されるのであるが、そのとおりに自分のためなんだと信じることが道徳の名のもとに強制され、それをやぶると相応の罰が科されることになる。

それでいくと、ダウン症のある子を産むという「選択」は、より大きな善に反することになり、まさに社会に不信をもたらすことになってしまう。というのも、そうした選択をした場合、ダウン症のある子を支援するよう社会に過剰に求める一方で、他の子どもたちとの平等をどこまでも期待することになるからだ。ダウン症のある子をあらたに授かった親が等しく聞かれる質問がある。それが、「ダウン症だって知ってたんですか?」というものだ。「ある研究によると、出生前診断を拒否してダウン症の子を授かった母親と、出生前診断の機会を与えられずにそうなった母親とを比較した場合、産科医も一般の人びとも遺伝学者も等しく、前者を非難する傾向がみられる」という(English, V. and Sommerville, A. 2002 : 9)。

こうした国家の政策を作りだしているのは、まさに信仰である。それも深く根を張った、いくつもの信仰である。普通との違いを問題とし、人口成長を良しとし、統計と科学がその問題を解決してくれるとする教義である。ダウン症は酷い状態なのだから出生前診断で対処すべきであり、そうすることはまさに道徳における強い要請なのだとする考え方が、いたるところに存在している。出生前診断による対処こそが国家による介入と支援の財政負担を効果的に低減させ、ダウン症をもって生まれる子どもの数を年々減少させ、物事に正しい秩序を与えるのだと、そういうことになる。

私事なんかではない

政府の白書が出版された２００３年に、国際ダウン症出生前診断グループ（ＩＤＳＳＧ：the International Down's Syndrome Screening Group）がロンドンで会議を開いている。その会議に先立って、主催者に詰め寄る人びとがいた。会合で発言する時間の要求だった。主催者側は拒絶する。発言を要求した人びとは会合の場となったリージェント・カレッジのグラウンドでデモ行進を始める。デモはやがてメインホールにまで達し、警察が呼ばれた。けれども、警察が到着する前に、会議の主催者は歩み寄り、アーニャ・スーザに10分間の発言が許された。彼女はダウン症のある女性で、イギリスダウン症協会の理事でもあった。その発言は次のようなものであった。

わたしは自分のダウン症を取り除くことができません。でも、あなたがたもわたしの幸せを奪い取ることはできません。わたしが他の人びとに与えた幸せも、あなたがたには奪えません。子を宿した女性を検査したがり、わたしのような人たちが生まれることのないようにしているのは、まさにあなたがた医師のほうなのです。（Adeline 2003）

対してハワード・クックル教授が国際ダウン症出生前診断グループ科学専門家委員会メンバーとして、次のように語った。会議出席者が話していたのは「純粋に技術的なことがら」である。「会議は私事をもちこむのに適切な場ではない」（Adeline 2003）。

こうした個人の問題はたしかに、個人が人工中絶を決定するとき、たんなる私事となってしまう。２０１０年7月にイギリスダウン症協会が公表した調査があるが、それによると、子を授かった母親の63％が、出生前診断に先立って、ダウン症について情報提供された覚えがないと回答している。この事前説明は国立医療技術評価機構（ＮＩＣＥ）のガイドラインが明確に求めているものだ。にもかかわらず、この数字である。

妊婦は消費者なのか？

妊娠の「異常」を検知するために羊水穿刺《せんし》検査が導入され始めたのが、１９７０年代後半から１９８０年代初期にかけてであった。そのころを振り返ると、出生前診断について興味深い考え方が浮かび上がってくる。１９７９年にニューヨーク司法裁判所の控訴審で、次のような判決が下された。出産に問題のありそうな母親が適切な専門的助言を与えられることなく、「予見もしくは発見できた可能性のある障がい（defect）のある子を出産した場合、医師には生涯にわたってケアしていく責任が生じうる」。この判決を歓迎したのが、まさに遺伝学者と「消費者団体」であった（St. Petersburg Times, フロリダ）。

20世紀の西欧資本主義は消費者として存在する個人の欲求を充足しようとして

きた。赤ちゃんを産み育てることも、それと変わるものではない。ダウン症はあらゆる階級に影響を与えるが、その影響は階級ごとに違ってくる。中産階級の場合、赤ちゃんがダウン症をもって生まれてくると、周りと違ってはいけないという基本の信念が試され、不安に駆られてしまう。それは「近隣の人たちがどう思うかという不安であり、他の子どもたちなら達成できる目標に到達できないのではないかという恐れである」(Gibson 1978 : 263)。

個人の選択による消費を重視するのが、レーガンとサッチャーのマネタリスト的なイデオロギーであった[12]。焦点は個人にあった。新たな千年紀(2000年代)に入ってからも、そのスタンスは新保守主義(ネオコン)のもと、政治に強い影響を与え続けた。マーガレット・サッチャーの悪名高きインタビューの残響はいまだ消えていない。彼女は社会なんていうものはもはや存在しないと言っていた。

人びとはこれまで、自分たちの問題を社会の側に押しつけてきた。しかし、社会とはいったい誰のことを言うのか? 実は社会なんてものは存在せず、た

(12)雇用、給与などの労働条件を重視して経済を調整するのではなく、市中における貨幣の流通量を調整して景気を調整することを重視する学派、もしくはその政策を支持する政治家を言うことが多い。失業率対策などは後回しになることが多く、しばしば(労働者よりも)「大企業寄りの政策」と言われることもある。

だ個人としての男性、女性、家族が存在しているだけなのではないか。政府が何かできるにしても、そうした人びとにやってもらうしかなく、人びともまずは自力でがんばるものなのではないか。

サッチャー以降、まずもって個人あっての社会だとする暗黙の合意ができていたかのようにみえるが、ニューレイバー[13]や新保守主義者は人びとの個人的な領域に対しても、国家がガイドになって方向性を与えることはできると信じていた。現在（本書執筆時）のイギリスの首相ディヴィッド・キャメロン[14]は、これを「大きな社会（Big Society）」に価値をおく考え方に変形させた。それは何かということと、国家は各家庭の問題が大きくならないうちに早期に介入するものの、学校や保健についての責任は、これを回避するというものである。キャメロンによる社会についてのビジョンはこうなる。「進歩を導くのは社会の責任である。国家がコントロールするものではない」（The Conservative Party 2009）。

近隣５０００人のボランティアが集い、慈善事業や民間の活動に資金が集められる様子は、ほとんど19世紀に戻ったかのようである。その時代、学校を運営し

(13) イギリスのブレア（労働党）政権に顕著にみられた、市場競争原理を導入した労働政策を掲げたグループを指す。労働者であっても「個人の努力」を評価し、奨励する。

(14) ディヴィッド・キャメロン(1966-)。２０１１年から２０１６年までイギリスの首相を務めた保守党の政治家。「大きな社会」を打ちだし、格差が広がり治安が悪化するイギリス社会に対する社会の責任を訴えた。保守党内部の意見対立を解消すべく、イギリスのＥＵ離脱を国民投票にかけ、それが可決されて辞任するこ

とになった。

社会問題に取り組んだのは、まさに慈善団体であった。決して、国家が中心的な役割を果たしていたわけではない。「大きな社会」のビジョンは、依然として保守主義のイデオロギーを具体化するのに役立っている。この保守主義のイデオロギーは、敵意剥きだしに傲慢な国家を非難してきた。そして公平性や機会の平等という言葉が、「大きな社会」の理念やその理念を語る言葉から導きだされている。キャメロン政権に近い学者であるフィリップ・ブロンドによれば、共同体の失敗も結婚の失敗も「暴力も貧困も社会の機能不全も」、すべて「大きな国家」が原因なのである（Blond 2010：283）。

「大きな社会」はイギリスではまだまだ新しいトレンドだ。アメリカでもある程度はそのようである（オバマのYes, we can（そうさ、ぼくらは変えられるんだ）は、まさに社会一体となった責任を重視している）。しかしそうした考え方が出てきているとはいっても、「社会に力を与える」のは政府のノブレス・オブリージュ（noblesse oblige：「地位の高いものの責任」の意）だとする感覚が、いまだに存在している。人びとが責任と力をもつために、社会の力は上から与えられなければならない。責任ある立場にあって権限をもつ人びとは、いまだにそう考えている。そのため結果として、「大きな社会」という考え方は、国家と国民の間の上下関係を、親と子のような形で強めてしまいかねないのである。

ダウン症をめぐる選択について議論するとき、いつも主張されるステレオタイプな見方がある。ダウン症のある人びとは、知的な発達が幼児と同じ程度と見なされてしまうこともあるので、継続した支援が必要になると言うのである。つまりは、普通は親が先に死ぬのだから、残された（今や放置された）この大人は、一切の支援なく無慈悲に残酷な世界に置き去りにされてしまう、というわけだ。私たちは生涯を通じて、お互いに支え合って生きていくものである。ダウン症のある人びともその点で何ら変わりはない。実際のところ施設を出た後に一人で生活を営んでいけるケースも多くみられる。客観的な判断を重視するとしてこれに反対する人たちは、信じられないほど視野が狭い。私たちが日々の生活を営む社会では、お互いに助け合っているのに、ダウン症に関しては、この大切なサポートを無視してしまう。

私たちはどこに取り残されてしまったのか

人工中絶するかどうかは純粋に個人的な問題で、私的に決められるものだとする議論があるが、そこには見落としがある。人工中絶という選択は、私たちが生活している社会のなかでくだされる。もちろん、出生前診断のあとで中絶するかどうかの決断に迫られている人びとが、自分の家族や子ども以外のことも心に留めて考えているなんてことを想定するのは、実際には突飛なことかもしれない。けれども、そうした人びとの決定は社会の情況から切り離されて行われるわけではない。どう決断すべきかを考えるには、いくつかの重要な点を突き詰めて検討してみなければいけない。この熟考によって中絶の道を選択しなかった夫婦も、かなりの数に上るのである。

熟考すべきことの第一は、そもそもの診断の役割についてだ。ダウン症を見つけるための検査はその導入以来、妊娠の状況を分類して「リスク」を明らかにすることにあった。それは全体として、赤ちゃんが生まれるべきかどうかを確認することを目的とするものであった。

しかし過去10年のうちに、ダウン症の出生前診断は妊娠時の標準として提供されるまでになった。

妊娠した女性にはダウン症の検査が、新生児には嚢胞性線維症の検査が、必ず提供されるようになるだろう。これは政府が昨日アナウンスした計画によるものであり、それはまさに母子保健政策の出発点となるものであった……」。「イングランドでなら、すべての妊婦にダウン症かどうかを判別するための検査が提供されるだろう。しかもそれは身体に負荷のかからない検査になるだろう。それによって、不必要な羊水穿刺検査は行われなくなるだろう」(Carvel 2001)。

慈善事業団体のダウン症教育インターナショナルの調査ＣＥＯ、フランク・バックリーが出生前診断について次のようにコメントしている。

中絶率91％は驚愕の数字だ。もちろん額面通りに受け取れば、ということであるが。実際、この数字は親が選択するにあたって参考にする指標としては、ほとんど間違いでさえある。この数字は、ほとんど100％だと受け取られかねない。これは実は確定診断後に中絶を選択する割合なのである。そこに至るまでには次のようなプロセスが存在している。⑴出生前診断を受けるかどうかを選択する。⑵陽性の診断結果を受け取る。⑶確定診断のために身体に負荷をかけるさらなる検査を受け入れる。ただし1％から2％の確率で流産になってしまうことがある。身体に負荷をかける検査を受けるにあたっては「十分な情報が提供された説明」による同意が必要になるが、それさえあれば、確定診断の結果次第では中絶の意図ありということが前提にされてしまっている可能性がある。(Buckley 2008)

親が〝リスクの高い〟検査の陽性結果を受け取った場合、たいていは次に「人工中絶の予約、いつにしますか？」と聞かれることになる。中絶が許される一般的な限界は24週だが、25週でも大丈夫な場合はある。けれども、ダウン症の場合、定義上、そうした制限がもうけられていない。ドミニク・ローソンがある母親の言葉を引用している。

娘がお腹にいたとき、12週目にダウン症だと言われました。会う医者すべてが、会う産科医全員が、人工中絶がベストの選択だと、わたしを説き伏せにかかりました。26週目になっても、その説得は続きました。冷酷な助言者もいました。その人が言うには、「このての赤ん坊が、国民保健サービスを圧迫する」んだそうです。(Lawson 2008)

医療機関に尊敬と信頼を寄せるのはごく普通のことだ。だから医療関係者からそんな妊娠はやめたほうが良いと言葉を尽くして言われ続けたら、ほとんどがやめてしまうだろう。母親の多くはただでさえ恐れと不安のうちにある。そこにさらに加えてプレッシャーがのしかかっていくとしたら、国家であれ医療関係者であれ、そうした権威には弱くなるはずだ。その権威にこれが「標準的なやり方」だと言われたら、もはや疑問をもつこともあるまい。

ダウン症をもって生まれるということが何を意味するのか。それなりの言い分はあるのだろうが、とにかく医師や看護師の理解は遅れている。その多くがダウン症のある胎児を障がい者としてみることに何の疑いも抱いていないようだ。医師が子を授かった親に興味本位で出産後の物語を語ってしまう例も、枚挙にいとまがない。無理解もはなはだしいが、子どもたちは歩けないだろうし、話せないだろうというのである。しかも、時代遅れの侮蔑的な言葉を使ってこれを語るのである。

ドミニク・ローソンがインディペンデント紙に次のようなコメントを寄せている。

> 間違えてはいけない。ダウン症のある子どもたちは今や学校でも家でも国中いたるところで発達をみせている。それなのに、医療関係者は全体としていまだに優生学の見地から人工中絶を勧めている。まさに心の底に偏見をもち続けているのである。人工中絶を勧める際の言葉遣いなど、驚くほど粗野で露骨なことが多い。(Lawson 2008)

過去1世紀にもわたり、ダウン症は特別な扱いを受けてきた。医療の専門家たちが研究でダウン症に接する機会もきわめて限られていた。まさにその結果がこれである。そう私はにらんでいる。私自身が娘の診断で経験したことなのだが、ダウン症のある人びとを「彼ら・彼女ら」と呼ぶ小児科医がいて、その「彼ら・彼女ら」がまるで普通とはどこか違った人であるかのように、「彼らは身体を動かして楽しむことがある」といった物言いをしていた。そうした医療関係者にとって、染色体が余分にあるということは、追究すべき研究関心ができたというだけの話なのである。

ダウン症を出生前に見つけだすことに「重点」が置かれてきた結果、不正確な診断で多くの人工中絶が実施されてしまっている。「われわれの推定によれば、イングランドとウェールズで実施されている現在の出生前診断の結果、ダウン症のある新生児は毎年６６０人減少している。しかしそれと同時に、ダウン症のない新生児の出生が、４００人も失われている」（Buckley, F. and Buckley, S. 2008：79)。

このように、人工中絶が決定されるにあたっては医療の世界における事情が大きいのであるが、それと同時に、親が生活している世界についても考えておく必要がある。過去15年から20年の間に、個人的な領域はまさに劇的に政治に浸食されてきた。国家もメディアも市民社会も、家族のなかにますます立ち入るようになり、意見を押しつけるようになっている。その場合、親だけでなく成人一般が子どものように扱われている。たとえば子どもが食べるものであったり（フルーツは良いけど甘いものはダメ）、読み聞かせの方法や時期であったりと、どんなに簡単なことでも実に子どもに言い聞かせるように手ほどきが必要だとみなされている。その結果生みだされた（国家の意思と個人の意思の）混合社会は、オルダス・ハクスリー[15]風に描けば次のようになるだろう。

ボカノブスキー法[16]は社会の持続性のための大切な道具である！〔…〕統一された、標準的な男性と女性の一団：それが小さな工場全体に配置されている。〔…〕「人びとはどこに自分がいるのか実によく知っている。〔…〕共同体。同一性。持続性〔…〕。大量生産の原理はついに生物学にも適用されたのだ」（Huxley 1977：23＝オルダス・ハクスリー『すばらしい新世界』黒原敏行訳、光文社、

(15) オルダス・ハクスリー（1894-1963）。イギリスの作家。管理社会の風刺で知られ、後年には宗教学、神秘主義に傾倒する。他に『知覚の扉』『島』等。

(16) ハクスリーの小説『すばらしい新世界』に登場する人工受胎法。工場で胎児を生産する。

２００３年。一部改訳)

ハクスリーのこうしたディストピア[17]（dystopia）は、もちろん工業社会についての物語である。人間はその社会のなかでまさに生物として管理されている。けれども、私たちが生きる現在の社会は、もっと狡猾《こうかつ》に支配されている。その社会で支配的な文化は、障がい者とその他をあいつらと我々に分かつ文化である。生活に必要なさまざまなモノに同じように囲まれているのだとしても、真の統合はほとんどありえない。日々の生活で障がい者と同じ職場で働き、障がい者とともに余暇を過ごす人など、ほとんどいない。そしてそうした文化がまた、障がい者の違いを際立たせ、障がい者は我々とは〝異質な〟人びとなんだという感覚を強くしてしまっているのである。

(17) ユートピア（理想郷）の反対語。暗黒世界。

母親とマルサス主義

高齢出産がますます多くなっているにもかかわらず、晩産の女性にはなお一定のスティグマ（社会から押しつけられる差別）が付きまとっている。近年は出産年齢の高齢化もやむをえないという感覚も広まっているようではあるが、彼女たちは社会のお荷物であり無責任だとする攻撃的な意見も後を絶たない。当然のことながら、〝高齢の〟親たちはダウン症のある子どもをもつかもしれないという「難題」に直面して、妊娠を中断すべきだという圧力を感じている。妊娠を続けることを選んだ両親（高齢である場合はとくに）の多くが、「今はいいかもしれないけど、両親が死んだらどうするの？　そのころにはダウン症のある大人になっているんだし。いったい誰が面倒をみるの？」という意見を耳にしている。

ある医者は次のように述べている。35歳以上になってようやく子どもを産む女性がいることは「重大な健康問題」である。彼女らは十代の母親よりも社会のお荷物になっている。(Briscoe and Aldersey-Williams 2009 : 12)

1960年代に20代前半であった平均出産年齢は、1990年代には30歳から35歳へと上昇している。この平均出産年齢の上昇は、妊娠中にダウン症の可能性が高いと診断される確率に影響を与えることになった。高齢の母親にダウン症のある子どもが生まれる可能性が高いからだ。しかし実数としてみれば、ダウン症のある子どもは若い母親のもとに誕生するほうがはるかに多い。若い母親のほうがはるかに多くの赤ちゃんを産むのだから、それは当然といえば当然である。

ダウン症教育インターナショナルのフランク・バックリーは、こうした数値を分析し次のように述べている。

１９８９年から２００３年の間のイングランドとウェールズをみてみると、35歳以上の母親がすべての出生数に占める割合は９％から19％に増加している。これを１９９２年から２００６年の間でみてみると、（人工中絶さえなければ）自然出生率は50％は上昇していただろうと推定できる――１万人に14人から22人への増加である。この間に、出生前診断を受けた場合にダウン症だと確認されたケースは44％から60％に増加している。そうして最終的にダウン症と診断された胎児のほとんど（91％）が中絶されている。(Buckley 2008)

こうしてダウン症のある子どもの誕生がたしかに増えている反面、ダウン症の陽性率も同時に上がっており、そのため妊娠中絶率も上昇しているのである。

その結果、きわめて危険な別の考えが信じられ始めている。この国も世界も人口過剰の域に達しているとの見方である。私たちの人口が過剰であるだけでなく、「よそ者」も多すぎるため、何か策を講じなければならないと言うのである。こうした新マルサス主義[18]は、人口過剰の国において、より厳格に移民の流入を制限しようとする法の制定を求める際によく主張される。これは別段驚くべきことではない。というのも、世界的に景気が後退し、失業率が再上昇している昨今、人びとは多くの場合、自分が就くはずだった職を奪っている人びとに目を向けがちである。マルサス主義者は人口のどの部分が急速に増加しているのか、そして誰の生殖を制限すべきなのかを常に考えてきた。もちろんそこに自分たちは含まれていない。

さらに有力なのは、人口過剰と環境保護とを結びつける考え方である。この考え方の提唱者は出生率の低下に拍手を送り、「重度の障がい児」が生まれないようにしようとする人びとを支持する。この論理はあまりにも飛躍している。地球が人口過剰の惑星だと考えることと、障がい児の妊娠中絶が良いことであると主

(18) 産児制限によって人口増加を抑制しようとする考え方。

張することとは全く別次元の話だ。これは結局、資源に限りがあるということに目を向けた偏狭な考えである。私たちはまもなく枯渇する資源をめぐって生き残りをかけて争うようになるのだから、より多く〝消費〟する人びとのほうではなく、残り少ない資源をできるだけ多くの人のために活用するほうが良いと考えてしまうのである。

ダウン症検査に関するガーディアン紙のオンライン記事に付いた「最も推奨される」コメントの一つに、ロジャー・ヒックスを名乗るユーザーによるものがある。まさに多数派の意見の代表例である。

この記事で気にくわないのは、いかなる形の優生学にも反対する人びとが厚かましくも「道徳的に正しい」ことを誇示していることだ。人それぞれであるにしても、私に言わせれば、現代の人口過剰な国と世界において、望まぬ子どもを、それも深刻な障がい児を中絶することとは、完全に道徳的な行為である。

(Shakespeare, T. 2008の記事についたコメント)

ただ実際のところ、ほとんどの西洋諸国で出生率は低下している。2050年までにヨーロッパの人口は〝高く〟見積もっても6％減少する。〝低く〟見積もれば減少幅は20％にも及ぶ（国連による数値。Briscoe and Aldersey-Williams 2009：12に引用されている）。「優生学」とはうんざりする言葉であり、私は使わないように努めてきたが、いまだに根強い支持者がいる。人口増加には手の打ちようがないとするマルサス主義者と同調して、この増加する「人口」はまともな人間ではないとする考えも浮上している。しかし、その「人口」とは誰を指すのだろうか。

1994年に出版された『ザ・ベルカーブ――アメリカ社会における知性と階級構造（*Bell Curve: Intelligence and Class Structure in American Life*）』によると、平均かそれ以下の知性しかない人びとのほうが多くの子どもを産むため、人類全体のIQは低下していると言う。なかなかに統計的説得力ありと考えられている。著者のリチャード・ハーンスタインとチャールズ・マーレーは、「遺伝子と環境の両方が人種の優劣に関係していることは大いにあると思う」と述べている。『ザ・ベルカーブ』の議論は、ダウン症について何かを明確に論じているわけではない。ダウン症のある人びとが子どもをもつチャンスはほとんどないし、ダウン症のある赤ちゃんはベルカーブのいたるところで誕生している（平均的な人びとの大半はベルカーブの中央に集中し、カーブの両端に行くにつれて少なくなるのだが、著者たちはこうしたベルカーブと定義される領域が社会における知性の標準的な広がりであると主張している）。したがって現在の議論に関するかぎり、遺伝子の話はまったくもって関係がない。けれども、同書のような議論が暗黙のうちに意味していることが重要だ。知性を尺度に測ると低い層に位置してしまう人びとに対して、価値が見いだされていないのである。

国家は社会を信用できないので、個人的な領域には国家の介入が必要だという考え方が、いたるところに顔を出してくる。その点で興味深いのが、社会階層の低いところにいる人びとはダウン症の検査をなかなか受けようとしないので、その是正のために無数の方策が検討されているとする報告である（たとえば次を参照のこと。Dormandy, E. et.al. 2005）。まさにマルサス主義者の懸念を想起させるものがここにある。社会の最下層にいる人びとは、生殖行動について責任感が欠如していると言うのである。

先の著者たちは、人種と知性は何らかの形で関連していると明確に主張し、この主張をめぐって大論争を引き起こしていた。この点についてここでは深く立ち入らない。注意しておきたいのは、この誤った認識が現在も残っており、それが学習障がいやダウン症に対する偏見と結びついているという事実である。人口をめぐる政策には非人道的側面がある。ダウン症のような障がいの検査など、とりわけそういうことができる。ダウン症があること自体、痛みをともなうわけではないし、苦しいわけではない。社会に貢献できないわけでもない。後述するように、軽度の学習障がいがみられる人びとが選別されるということがかつてあった。ダウン症は社会的に「あぶりだされる」ことになった。まさに最悪の事態に陥ったのである。社会は人びとを選別し、国家は個人に容赦なく介入していった。

これに加えて、中絶手術を受けることが正しい権利であるかどうかの議論が闘わされてきた。その議論の結果、左派は争点として取り上げることをやめたようだ。それが保守派に有利に働いた恐れがある（伝統的にイギリスの「左派」は障がい者をめぐる政治にあまり深く関与してこなかった）。障がい者問題の活動家たちが選別の問題を取り上げているものの、いずれの運動もイデオロギー的統一性を欠き、「障がい」の概念も多義的であった。そのためたしかな牽引力をもちえなかった。ダウン症グループも多くの場面で偏見を打ち破ることはできず、選別の流れを食い止めることはできなかった。自閉症がメディアに取り上げられているのとはまったくもって対照的である。

保健政策は社会によって精査され、承認を得るべきである。ダウン症の出生前診断を当たり前のように実施するなんてことは明確に決定されていないし、そのための議論も一切行われていない。出産年齢が上昇するにともなってますます多くの人びとに影響を与えることになる政策が、時代遅れの考え方に導かれるようなことがあってはならない。

ジョン・ピアソン事件

１９８０年６月28日、イングランドのダービー市に一人の赤ちゃんが誕生した。彼の名はジョン・ピアソン。ダウン症のある赤ちゃんであった。合併症はなく、よくみられるような先天性の心疾患や腸疾患もなかった。彼は全く痛がっていなかった。両親は彼を望まない子どもであると決めていた。医師のレオナルド・アーサーの医療的処置は、「看護のみ」であった。ジョンには「必要数」の鎮痛剤（DF118という強力な薬品）と水が投与されたが、栄養は与えられなかった。アーサー医師はジョン・ピアソンについてのノートに、「両親はこの子が生存することを望んでいない。看護のみを行う」と記している。

ジョン・ピアソンは一定の間隔で水とDF118を与えられ「育てられた」。その日の夕方までに「四肢は完全に青くなり、顔はグレーになった」。「食事」は4時間ごとに与えられた。吸飲できず嘔吐しても続けられた。生まれたのは日曜日だったが、月曜日には「哺乳瓶から飲むことができなくなり、胃にチューブを差し込んだ状態で水と鎮痛剤が与えられた。彼はもがき続け、呼吸しようと必死だった」(Kuhse and Singer 1987 : 3)。7月1日（火）午前5時10分、ジョンは息を引き取った。

このような処置は決して珍しくはなかった。ダウン症のある赤ちゃんがこのように扱われるのは今回が初めてというわけではなかった。当初は表面化しなかったが、病院スタッフがこの件を警察に訴え、アーサー医師は殺人未遂で裁かれることになった。だが、「ジョン・ピアソンの肝臓で見つかったDF118が致死量に達していた」ことを含む証拠があったにもかかわらず（Kuhse and Singer 1987 : 3）、裁判所はジョン・ピアソンの死因を鎮痛剤ではなく肺炎であると判断した。他の医療スタッフはこの「措置」に一切関与しなかった。アーサー医師だけの行動だったにもかかわらず、彼は無罪となった。彼が無罪となった理由として、赤ちゃんの置かれていた状態が肺炎に感染しやすいものになっていたということがあげられるが、それに加えて、「看護」は通常の処置であり、鎮痛剤の投与も殺すためではなく、苦痛を和らげるためだった、という見立てがあった。裁判の間、当時の王立内科医師会長であったダグラス・ブラック卿は、次のような声明を出していた。「棄てられた子どもに必要な管理を施し、結果的に死なせることになったとしても、その行為それ自体が倫理に反しているとはいえない。（中略）つまり、ダウン症を患った子ども[19]が（中略）生き残るべきではないということ、それはまさに、倫理にかなったことなのである」（Kuhse and Singer 1987 : 8）。

この論文を著したヘルガ・クーゼとピーター・シンガー[20]は、障がいのある赤ちゃんを死なせることは日常茶飯事であり、この慣行が「医学界の最も尊敬され

(19) 原文は a child suffering from Down's syndrome。

(20) クーゼはオーストラリアの哲学者、生命倫理学者。モナッシュ大学の名誉研究員で、この分野ではオーストラリアの第一人者。シンガーはオーストラリアの応用倫理学者で宗教、動物をめぐる思想、生命倫理など多数の著作、受賞があり、プリンストン大学の教授も務める。

ている一部の人びとによって支持されている」ことが明らかになったと述べている。ジョナサン・グローバーは、この事件について1982年に書いた文章のなかで、次のように主張していた。

有罪判決が下っていれば、疾病を誠実に処置しようとした医師に対して、どう考えても不当な苦しみと恐ろしいほど厳しい処罰を与えることになっていたであろう。今回の判決は、別の観点からみると、歓迎すべきものであった。このような判断を迫られる医師たちは、訴えられるのではという余計な心配から解放されることになるからである。(Glover 1982)

興味深いことに、当時、多くの市民がこの判決に賛同していた。タイムズ紙はトップ記事で「女性たちはアーサー医師の容疑が晴れて『良かった！』と声をあげていた」と報じている。BBCが実施した世論調査によると、「たとえアーサー医師がきわめて重い障がいのある赤ちゃんが死ぬように取りはからっていた」のだとしても、彼は殺人罪に問われるべきではないという意見に86%が賛成していた（Kuhse and Singer 1987：10)。グローバーは、「長期的には、出生前検査によって、アーサー医師が直面した問題は今後なくなっていくだろう」と述べている。

第2章

誰のための教育政策？

最も弱い子どもたちこそ最も良質の支援を必要としています。だから私たちは、特別支援学校が政治的なイデオロギーによって閉鎖されることに反対します。また、特別な支援が必要な子どもたちに対して、普通学校におけるインクルーシブ教育が進められるべきであるという思い込みはなくさなければなりません。(『政府への招待』イギリス保守党の2010年総選挙時のマニフェスト)

最も弱い子どもたちこそ最も良質の支援が必要だと信じています。だから私たちは、児童の診断評価のあり方を改善します。特別支援学校が必要以上に閉鎖されることに反対し、インクルーシブ教育が進められるべきであるという思い込みを社会からなくしていきます。（『連携――私たちの政策綱領』２０１０年選挙後に成立した、保守党・自由民主党によるイギリス連立政権の政策綱領）

インクルーシブ教育か隔離か――歴史と課題

イギリスでは、30年ほど前までダウン症のある人たちに、通常の公教育を受ける環境が与えられてこなかった。１８７０年に初等教育法が導入されたときには「特別支援」という考えがなかった。

１９４４年、保守党のリチャード・バトラーが教育法[1]を導入した。この法律で導入された教育システムは、子どもたちを「教育可能」かどうかという基準で区別するものだった。ダウン症のある子どもたちは「教育不可能」と見なされ、しばしば特別の施設に預けられるか、自宅にとどまる場合は、せいぜい「ジュニア・トレーニング・センター」と呼ばれる施設を利用することができる程度であった。このセンターでの教育活動は、「教育的に普通以下の子ども」に対する支援を提供する慈善活動にすぎないものとみられていた。

この状況は『精神障がい児のためのより良いサービスを（*Better Services for the*

(1) 中等教育の義務化を定めた。

Mentally Handicapped)』という白書が発表された1971年になっても、あまり状況は変わらなかった。この白書はＩＱテストによる「隔離教育」を導入した。ＩＱが50以下の子どもたちは「教育的に普通以下で難あり」と分類され、ジュニア・トレーニング・センター付属の学校に送られた。ダウン症のある子どもたちの多くはこのレベルと診断された。ＩＱ70までの子どもたちのための「教育的に普通以下で中級」というカテゴリーの学校に進んだダウン症のある子どもたちはほとんどいなかった。

重要な変化が始まったのは、1970年代後半になってからであった。

1976年に改正された教育法第10条[2]を実施することで、イングランドとウェールズにおける特別支援教育の重点は普通学校での統合教育へと発展的に移行するだろう。（イギリス教育科学省 Department of Education and Science 1978）

以後数年間は、インクルーシブ教育[3]の芽吹き時期だった。インクルーシブ教

(2) イギリスでは1976年になって初めて統合教育を推進することが明確になった。

(3) さまざまな状況の

育は国家の政策として提示されたにもかかわらず、それを支える人的・資金的資源の多くは、個々の学校や親たちの努力の「寄せ集め」にすぎなかった。しかし、教育を受ける権利を求める声が高まりを見せていたことで、ごく一部にかぎられてはいたが、ダウン症のある子どもが普通学校に通うことが可能となった。

マーガレット・サッチャーの依頼により、ウォーノック女男爵[4]が「特別教育ニーズ（Special Educational Needs：SEN[5]」の対象となる子どもたちにインクルーシブ教育が適しているかどうかについて調査・分析を行った。ウォーノックはウィンチェスターの聖スウィザンズ校で教育を受け、その後オックスフォード大学に進学した人物である。先ほど述べたように、実際には１９７６年の改正教育法がターニング・ポイントだったが、彼女の執筆した『ウォーノック・レポート』（１９７８年）も、しばしばインクルーシブ教育政策の分水嶺として引用されている。

ウォーノックは長い間インクルーシブ教育を非難していた。そして２００５年には『特別教育ニーズの新たな視点（*Special Educational Needs: A New Look*）』と題されたイギリス教育哲学会の指針を示した論文を執筆し、「特別教育ニーズ」

子どもたちが存在していることを前提としながら、すべての子どもたちを包み込んでいこうとする理念と政策。

(4) 男爵の称号をもつ女性。

(5) 繰り返しになるが、イギリスにおける障がい児教育制度の総称。本書では、「特別教育ニーズ」と記す。

の対象となる子どもたちのためには、普通学校とは異なった学校での教育が必要であると訴えた。彼女の議論はインクルーシブ教育政策に関する保守党の考え方に大きな影響を与えてきた。後ほど詳しくみていくことにしよう。

普通学校でダウン症のある子どもたちを教育していくことには、長短両面がある。イギリスダウン症協会の教育官を務めるボブ・ブラックによると、就学前の子どものいる家庭の97％が普通学校への入学を希望しているという。しかし1988年に実施した調査によると、普通小学校で教育を受けたダウン症のある子どもは約87％で、そのうち普通中学校に進学したのは約23％であった。しかも普通学校に行く子どもの多くは、同級生が進級するときに1年生のまま留年する。また、今日でさえ、「特別教育ニーズ」にかかわる教員に対する研修は初歩的な段階にとどまっている。すなわち、

いかなる教員も「特別教育ニーズ」を理解していなければならない。しかし、能力的に普通学校の対象外とされる子どもたちと実際に関わり合った経験まで要求されているわけではない。この分野における政府の主要アドバイザーであ

るアラン・スティーア卿が警告しているように、教員が生徒を「特別教育ニーズ」の対象とは気づかず「先生の言うことを聞かない子」だというレッテルを貼ることで、生徒の好ましくない行動を助長してしまうという状況が生まれている。（Tickle 2009）

親たちの多くは教育の現場で闘ってきたといっても良い。この点についてブライアン・ラムは、２００９年12月に『ラム調査（*Lamb Inquiry*）』を出版した。ラムは、学校教育(6)に対する親たちの信頼度に関する調査を行い、その結果、「特別教育ニーズ」の対象となっている子どもたちの親を「最も怒れる人たちである」と述べている（Tuckey 2010）。

ラム調査は、現在のシステムの成果とともに失敗も明らかにしている。しかし、残念ながら、保守党・自由民主党連立政権下でもこの調査が大きな影響力をもつことはなさそうである。『ラム調査』出版時の労働党政権下でも、この問題を取り上げようとする動きははっきり見えなかった。ラムの最も言いたいことは、親たちの声を受け止めた以下の文章に集約されている。

(6) 外務省ホームページによれば、イギリスでは義務教育は11年間で、初等教育（5～11歳）と中等教育（12～16歳）に分かれる。公立学校ではナショナル・カリキュラムにより義務教育をKey Stage1（5～7歳、Year1～2）、2（8～11歳、Year3～6）、3（12～14歳、Year7～9）4（15～16歳、Year 10～11）の4段階に分けている。私立学校、やフリースクール（公費で維持されつつ管理運営上の弾力的運用が認められる新しいタイプの学校）は基本的にナショナル・カリキュラムの束縛を受けなイギリスの教育システムは、今なお、「特別教育ニーズ」の対象となる子どもたちに学習能力がないと見なしている。ほとんどの場合、彼らには最も低い努力目標しか設定されない。私たちは、身体障がいのある子どもたちや「特別教育ニーズ」の対象となる子どもたちが、ベストを尽くして挑戦する機会を与えられず、脇に追いやられている多くの事例を発見した。(Lamb 2009 : 2)

ダウン症のある子どもたちは特別な配慮を必要とするが、それは普通学校で比較的容易に対応できるようなことである。たとえば、子どもが他の子どもたちとコミュニケーションをとるときや友達になろうとするときに問題が起きないようにするための言語療法(7)のようなものである。

ダウン症のある子どもたちは、概して視覚を通じて学習する傾向が強く、言語活動よりも映像を通じて情報を記憶している。それに合うように教材を調整し、視覚から学ぶことのできる時間割を組み、そうして早い時期から読む能力を高めることに力を注げば、従来であれば排除されていた世界で子どもたちが活躍でき

い。しかし多くの学校では、学校独自の特性を活かしながらもかなりの部分で同カリキュラムを導入している。

(7)主に頭部外傷や脳卒中によって脳に損傷を受け、言語などのコミュニケーション(話す・聞く・読む・書く)に必要な機能に障がいをきたした場合のリハビリを指す。

るようになる。抽象的な概念を理解したり、言葉を使わずにコミュニケーションをとったりするというのは難しいが、筆記された文字が子どもたちの成長に大いに役立つものとなる。こうした学習の意義は決してダウン症のある子どもたちに限定されるものではないので、他の生徒が同じ教室で同じ視覚教材を用いることによって高い教育効果を得る可能性もある。

悲しいことだが多くの場合、子どもたちは専門家による療法を受けられないことで少しずつ神経質になり、普通学校から離れて特別支援学校に行くことになる。親のほうもしばしば、特別支援学校のほうが子どもたちに対してあらゆる面で支援を提供してくれると感じている。ところが、特別支援学校には、熱心な言語療法士はいてもダウン症の専門家はあまりいない。さらに、普通学校とは環境が異なるがゆえに、親たちも子どもに対してあまり期待をしなくなるかもしれない。また同級生も、お互いの手本となるような行動をとったり、大人の社会に入るための準備を提供したりすることはないだろう。

現在の保守党の考え方

イギリス教育監査局が「特別教育ニーズ」に関して親・教員・関係団体と協議して報告書を発表した後の2010年7月、教育省の児童・青少年・家族担当副大臣であるサラ・ティーサーは、その年の秋に「特別教育ニーズ」に関する報告書[8]「グリーン・ペーパー」(*Green Paper on SEN*)を公表すると発表した（実際は2011年の公表となった）。そのとき、彼女は続けて次のようにいった。

これまで以上にわかりやすいシステムが必要となる。親たちにより多くの選択肢を与えるとともに、その意思が政策決定に反映されなければならない。グリーン・ペーパーではさらに、16歳以上の若者が必要な支援を得ることができるようにするため、学校卒業後、社会への橋渡し方法についても触れる予定である。（イギリス教育省 Department for Education 2010）

報道によると、2010年のイギリス総選挙の選挙活動中に、保守党党首のデ

(8) グリーン・ペーパー。緑書。政府が国会答弁用に作成した報告書のこと。

イヴィッド・キャメロンは党のマニフェストの内容をめぐって子どもを連れたある男性から問いかけられた。

キャメロンが「壊れた社会[9]」に関する演説をした後で、ジョナサン・バートリーはキャメロンに尋ねた。「あなたは、普通学校でのインクルーシブ教育が良いことだという社会の偏見をなくしたいとおっしゃっている。でも、今現実に社会にあるのは、インクルーシブ教育は良くないことだという偏見なのだ」（BBC News 2010）。

キャメロンは、親の選択を尊重するつもりだと返答した。

私たちはこの報告書から何を期待できるのだろうか。また、ダウン症のある子どもたちのための教育はどこに向かうのだろうか。自由民主党のマニフェストにはダウン症のある子どもたちの教育について一切言及していない。自由民主党が主張しているのは、すべての5歳児を対象に、「特別教育ニーズ」の「診断評価」のための何らかの書類を配布すること、教員が「特別教育ニーズ」に適合するよ

(9) 保守党による当時のイギリス社会に対する批判の言葉。麻薬組織による犯罪、薬物依存による暴力事件が多発しており、それを改善するため「家族を大切にせよ」と主張した。

うな研修を受けるようにすること、という2点であった。これでは政治的にあまり改革が期待できない。「特別教育ニーズ」に関しては、保守・自由民主連立政権の施政方針は、（本章の最初に引用した）保守党のマニフェストをほぼ逐語的になぞっただけである。当初のマニフェストから「政治的なイデオロギーによる」という、ややとげとげしい響きのある批判的な単語が取り除かれているにすぎない[10]。

保守党は以前、「特別教育ニーズ」の対象となる子どもたちに対する「第三者による評価」を進めると表明していた。その実際の目的は、診断評価に関わる権限を地方教育委員会の手から切り離すことにあった。この改革に関して、マイケル・ゴーヴ教育相はかつて次のような計画を公表したことがあった。それは、まず個々の子どもの「特別ニーズのある子どものプロファイル（Special Needs Profiles, SNP）」を中央で一元的に作成し、教育心理学者の協力のもと、「支援区分」をおよそ12に見直し、それぞれ必要に応じた予算を配分するということだった（Tuckey 2010）。そしてこの予算は子どもが登校している学校に分配されるというものである。

(10) イギリスでは1980年代から保守党のサッチャー、メージャー首相が競争原理を導入した「新自由主義政策」を進めた。1997年以降、労働党のブレアが長期政権を担い、次期ブラウンとともに労働組合の影響を弱め、市場競争を重視し就労支援を進めるなど、積極的に改革を進めた。このなかで医療や教育における「選択制」を導入しようとした。ただし、従来国から無償で提供された医療や教育

「特別教育ニーズ」では支出に関して各学校に大幅な裁量が認められていたので、それを管理するために、ゴーヴが公表したような考え方は以前から存在していた。実際、『ラム調査』では次のようなことが強調されていた。すなわち、「地方教育委員会には教育サービスが提供される現場から遠く離れたところで議論するというマイナス面」が存在し、また「専門家のスキルが、そのスキルを必要とするすべての学校や、すべての子どもたちに対して等しく提供されているわけではない」。この調査結果は実際の経験からも明らかではあるが、これを背景に、これまでの地方教育委員会による管理を撤廃して、明確な診断基準のもと、「特別教育ニーズ」の対象となる子どもたちが必要な支援を受けることができるようにしようとしたのである。

ちなみにゴーヴは、教育政策の策定に対しても強い影響力をもつ人物であり、以前「ポリシー・エクスチェンジ」という大手教育系シンクタンクの代表を務めていた。このシンクタンクは、親や教員が自分たちの学校を作ることを促し支援する「スウェーデン・モデル」と呼ばれるフリースクールの設立を活発に進めていた。２００８年12月のインディペンデント紙にゴーヴは寄稿し、「スウェーデ

サービスに競争原理を導入することには党内の抵抗も強かった。

他方で、サッチャー時代から金融政策によってイギリスは長期の好景気を迎えるが、都市中心部と周辺部の格差が拡大し、治安の悪化が指摘された。その後、２０１０年選挙でこうした社会を「壊れた社会」と批判し、基本的に競争を重視しつつ、慈善団体などの活力に期待した「大きな社会」を掲げて、保守党のキャメロン政権が誕生した。キャメロン政権は基本的に国や地方自治体からボランティアによる活動へ、公共政策を移そうとした。

ンの人たちは、教育に対する形式的な規制を撤廃し、公的な教育システムに民間を参入させることによって教育水準の低下を食い止めようとした」と力説した。彼は民間の力によって自由な選択と競争をもたらすと考え、こうしたやり方が今後の標準になると主張した。まさに自由市場モデルである。

しかしながら多くの自由市場と同じように、実際は見た目ほど自由ではなかった。この点について、たとえば2009年3月、「ポリシー・エクスチェンジ」は『学校選択の改革に向けたガイドライン』を発表し、そのなかでスウェーデン型フリースクールの利点と欠点について検証を行っている。まず利点として、これらのフリースクールは公立の学校に比べて効率が良いとされた。すなわち、国からの補助金は生徒一人当たりこれまでの75％でまかなわれると算出されたのである。他方で――より重要なことだが――欠点として、フリースクールには「とくに重大な教育上の配慮」(Meyland-Smith, D. and Evans, N. 2009 : 24)を必要とする生徒を受け入れることができないことが指摘された。フリースクールを運営することによって利益を得ようとする企業が、そのような生徒を受け入れないだろうと予測されたからであった。

この『ガイドライン』によれば、フリースクールは多くの場合、親による「単立」の施設として始められたが、その後まもなく多くのフリースクールを経営する学校法人があらわれ、今はむしろそのほうが一般的となっているという。こうした「私立経営による学校（インディペンデント・スクール）が、親たちが中心になって設立した『単立』のフリースクールやチャータースクール[11]よりも成果をあげているという資料もある」(Meyland-Smith, D. and Evans, N. 2009 : 8)。

単立のフリースクールの利点を維持するためには、その運営に一定の裁量を認め、子ども一人ひとりに合った教育を用意できるような環境を整える必要がある。公的な介入は排除されるべきで、地方教育委員会の直接的介入を阻止する目的のもと、そのような政策がすでに進められてもいる。しかしそうなると、入学における平等性を確保したり、一部の生徒が不当に排除されないようにしたりすることは難しく、結果的に制度として一貫性がなくなり手続きも複雑なものとならざるをえない。だから、生徒一人ひとりに価値ある教育を提供できるフリースクールを設立するためには、「特別教育ニーズ」の対象となる子どもの教育にかかる費用を算出して経営が成り立つようにすることになる。

(11) 特別に認可された学校で、親などが各地域で新しいタイプの学校を設立しようとし、申請して認められれば公の資金援助を得て、民間のグループが運営するタイプの学校。

こうしてゴーヴの考え方を追っていくと、「特別教育ニーズ」や特別支援学校について保守党が「政治的なイデオロギーによって」とか「偏向した」といった言葉を使うときには、「特別教育ニーズ」の対象となる子どもを、普通学校から（その名称は何であれ）それ以外の学校に移したほうが良いという考えが根底にあることが理解できる。ゴーヴがすでに述べているように、特別支援学校の校長たちも、自分たちのほうが普通学校よりも子どものために多くのことを提供することができ、「子どもの心のケアまでしてほしいという要求をかなりの程度満たすこともできる」（Tuckey 2010）と信じている。

さて、私たちは、現在の保守党が「特別教育ニーズ」をどのようにみているのかについて検討を続けようと思うのだが、ここで一つはっきりと指摘しておかなければならないことがある。それは、ダウン症のある生徒やその親が必要とするレベルの専門的な指導や支援を確実に保証するという点において、フリースクールは普通公立学校に比べて困難に直面する可能性が高いということである。しかし、フリースクールが地方教育委員会から資金援助を得ることは難しいので、フリースクールに提供される支援の費用対効果を計測することは困難である。

「特別教育ニーズ」に関する現在の保守党の立ち位置は、２００５年の中間報告書がもとになっている。それは当時の影の内閣[12]の教育大臣であったデイヴィッド・キャメロンが主導したもので、さらにロバート・バルチン卿によって率いられたチームが作成したものである（彼はマーガレット・サッチャーやジョン・メージャー[13]の主要なアドバイザーの一人で、保守党ウェブサイトを運営し、グラント・メインテインド・スクール（国立学校）評議会の議長を務めていた。その紹介によれば「それまで学校の自由を促進するために他の誰よりも尽力した人」であった）。

このキャメロンを中心とした「『特別教育ニーズ』に関する委員会」に寄せられた意見は、普通学校における支援が十分ではなくかえって逆効果になっているということや、特別支援学校の数が不足しているといった、親の不満を反映していた。この報告書には次のような記述がある。

多くの親は、子どもたちが政府のインクルーシブ教育を進める政策によって学校で困難に直面していると考えている。こうした見方がどの程度公平なもの

(12)野党が次期総選挙に向けて、政府の政策案に対案を提示するために組織する仮の内閣。

(13)１９４３年生まれ。イギリス保守党の政治家で、１９９０年から97年まで首相を務めた、サッチャーの後を継ぎ、民間の競争力を重視したものの、サッチャーの〝行き過ぎ〟には批判的であり、「理念のない政治家」と呼ばれた。

なのか、それをここでわれわれが判断するのは難しい。なぜなら、委員会に寄せられたすべての意見を確認することはできないし、そもそもこの報告書は、親たちが子どもに関して日常よく経験することではなく、保守党の政策に対する親たちの共通認識を提示しているにすぎないからである。(Balchin 2005)

興味深いことに、意見の概要を記した箇所では、教員や校長から寄せられた二つの否定的な見解が目立つように書かれている。一つは「判定書[14]に学校名が記載されると、適切な対応がほとんどもしくはまったく提供できない学校に生徒を入学させなければならなくなる」というものであり、もう一つは、「『特別教育ニーズ』の対象となる生徒のための教育補助員が教室にたくさんいると、今度は対象とならない生徒の教育にひずみが生まれるかもしれない」というものであった。

さらに、この報告書は、判定書に代えて、独立した第三者による評価を経た「特別ニーズのある子どものプロファイル(SNP)」を採用するというゴーヴの意見に基づいた勧告を採択している。これに従えば、このプロファイルに応じて学資が提供されるので、普通学校であれ特別支援学校であれ、親たちが「進学先

(14) 個々の子どもに対する「特別教育ニーズ」の具体的措置を示した、地方教育委員会が作成する書類。

について交渉する」ことはできるようになる。しかし逆にそれは、学校選択における重要な決定権が親の手から離れていく可能性があることを意味する。なぜなら、現行の制度では、判定書に名前があげられた学校は、親が望めばその選択を受け入れなければならないが、報告書の勧告通りになれば、親の希望が通らなくなる可能性が出てくるからである。

また、この「概要」では「公平性」が強調されており、この新しいアプローチが親にとって「より公平である」と感じられるものでなくてはならないとしている。ここでいう「公平」という概念は、保守・自由民主連立政権にとって新たな試金石であるように思われる。この言葉に関心をもつ者は多く、最近ではエコノミスト誌が徹底してこの言葉の含意を分析している。

「公平性」という言葉はイギリスの連立政権のイメージだ。それは、肯定的なイメージをもつ言葉だからというだけではなく、曖昧で幅広い意味をもち、連立政権内の見解の違いを反映しているからだ。万人共通のルールを設定し、そのなかで自由に競い合い勝者が総取りするということが公平性の意味だと考える人たちは多いが、他方で、公平性とは、みんなに等しく分け与えられるべきだと考える人たちもいる。これらの二つの意味は、単なる「違い」ではすまされない。「正反対」なのだ。「自由」と「平等」を同時に実現するのは難しく、選択が迫られている。（「反『公平性』」'Against Fairness', 2010：13）

インクルーシブ教育は失敗か

ここ数年間の学校において「特別教育ニーズ」の対象となる生徒の対応に関する議論の多くは、メアリー・ウォーノックによる2005年のパンフレット『特別教育ニーズ——新たな視点』によって設定されたものである（Warnock 2005）。ここで彼女は、1978年の報告書の「不幸な遺産である『インクルーシブ教育』という言葉の意味」に言及した（Warnock 2010：19）。彼女は、インクルーシブ教育について、矛盾する考え方を掲げている。すなわち、一方で彼女は、改革された特別支援学校では「舞台芸術やIT」といったような一人ひとりの適性に合ったことを集中して学ぶことができるようになるし、使いようによっては「特別教育ニーズ」の判定書がそのための「パスポート」ともなる（Warnock

2010：14)。そして他方で「たんに同じ屋根のもとにいるというだけではだめで、他の子どもと同じ学習活動に加わる」ことがなければきちんとしたインクルーシブ教育とはいえないとも言うのである（Warnock 2010：32)。

ウォーノックの議論するところでは、「特別教育ニーズ」の対象となる生徒は十把《じっぱ》一絡《ひとから》げにされて傷ついており、個々の要求が必ずしも適切に反映されない状況でインクルーシブ教育が行われている。その結果これらの生徒はしばしばいじめに遭うし、定められた制度のなかでしか教育が受けられない。彼女は次のように記している。「一般的に社会にとってインクルーシブ教育が理想であったとしても、学校にとってはそれがいつも理想であるとは限らないのである」(Warnock 2010：35)。

彼女は、インクルーシブ教育が機能しておらず子どもたちがいじめに遭っているという状況に対して、それを改善するよりも、子どもたちを隔離することで解決しようと言う。そこには、特別支援学校は普通学校にはできない要求に応えることもできるという思い込みもあるのだろう。しかし特別支援学校は、障がいがあるがゆえの特別な要望に対して専門的な研究を無視した教育方法を採用しているのもまた事実である。たとえばダウン症についてみてみると、早い段階で読む能力を習得することが必要だとする研究結果はあるが、その知見は教育現場では一般的に活用されていない。言語療法士のような専門家が学校に配置されているものの、彼らは子どもたちが必要とする支援を専門的見地から提供するのではなく、一般職として勤務しているのが現実である。

親たちが子どもを普通学校から特別支援学校へ移す傾向があった。彼らがこれまで求めてきた支援が少なくとも特別支援学校にはあるという確信があってのことであるが、結局そうした支援はそこにも存在しないということを知ることとなる。さらに、同級生たちの好ましくない振る舞いに慣れてしまい、普通学校にいたときよりも親は子どもにあまり期待しなくなるということも起きている。それにもかかわらずさまざまな経験をもつ親も含めて、ほとんどの親にとって特別支援学校が「最後の手段」とみなされている。その理由は、旧態依然の考え方や経験をもつスタッフの存在である。特別支援学校には、50歳を超える教員が普通学校の2倍もいるのである（Tucky 2010）。

2006年に当時の労働党政権が、『特別教育ニーズに関するイギリス下院特別委員会報告書』への応答として、教員研修の中心に「特別教育ニーズ」の研修を位置づけることを提案し、さらに学校のコーディネータは資格をもつ教員が務めるべきであるという見解を示した。ダウン症と診断された子どもであろうがなかろうが、教員の間に「特別教育ニーズ」のためのスキルとそれに対する理解がなければ、特別なニーズは経済性が優先されるか偏見に満ちたものになるからだ。実際、多くの教員が、できれば特別教育ニーズの対象となる生徒を受け入れたくないと思っているのが現実だった。

多くの教員が資格のない教育補助員に責任を押し付け、子どもたちが同級生たちと足並みを揃えて進む機会を奪っていた。教員たちは生徒の学習上の困難に対応するスキルや専門的な支援もなく、それを発達障がいとしてしか認識することができない。リチャード・リーサー[15]は、２００１年にさかのぼるこうしたインクルーシブ教育政策の行き詰まりは、教員組合や、王立盲人協会、王立聴覚障がい者協会といった慈善団体の責任であると述べている（*The Guardian* 31 Jan 2006）。

また、エクセター大学の教育心理学および特別教育ニーズ論の教授であるブラム・ノーリッジは、労働党政権の政策とその後の政府関係者の発言との矛盾を

(15) 障がい者の権利擁護問題の活動家。

指摘している。2006年、政務次官のアドニス卿は特別委員会に対して、「政府は、インクルーシブ教育政策についての方向性を示さなかった。その結果、特別支援学校の閉鎖につながった」と述べたが、これは2004年の「目標達成に向けた障壁除去」戦略[16]とは矛盾している（Warnock 2010 : 51)。この点についてウォーノックは、「私が関心をもっているのは、労働党政権が特別支援学校との仲を秘密裏に回復したことだ」（Quarmby 2006）と批判している。また彼女は、「学校側は、ランキング向上につながらないという理由で、1988年以降悪化し続ける（「特別教育ニーズ」の対象となる）子どもの状況を改善しようとはしなかった」と述べている（Select Committee on Education and Skills Third Report 2006)。

つまり、政治家や教員組合の間に「隔離教育を実施しよう」という幅広い合意があるということが分かる。こうした合意が生まれたのは、普通学校にきちんと統合しようとしてもどうせ失敗するだろうとみんなが思っているからである。なぜ失敗するのかについては、教員に対して訓練を実施していないからだとか、教

(16)「特別教育ニーズ」の対象となる子どもの教育に関する政府のビジョンを示した文書で示された戦略。各地域の普通学校におけるインクルーシブ教育を推進しようとした。

育上必要な援助が適切に与えられない状況で教員が「これが長所だ」「これが短所だ」といった判断を下しているからだというのではなく、ただたんにそう思い込んでいるからなのである。もしインクルーシブ教育という発想がイデオロギー的だとしたら、それは、ダウン症のある生徒たちが積み重ねてきた経験を、現実に起きたこととしてではなく、思い込みに基づいて十把一絡げにして卑しめるようなものだ。

インクルーシブ教育の回復へ

実際には、個々の学校や個々の教員は、この分野において理解やスキルを大きく前進させてきた。それは、しばしば、イギリスダウン症協会などの専門家の支援や親たちとの連携によって成し遂げられたものである。いろいろな思い込みさえなくなればインクルーシブ教育がダウン症のある子どもにとってもクラス全体にとっても有益となることが、多くの学校において明らかとなっている。知恵を結集し、カリキュラムを適切に調整することで、教員は大きな成功を手にすることができる。

一つ素晴らしい例を紹介しよう。ある教員が、自分のクラスでは知的好奇心が十分に満たせないことから授業態度が悪くなってきたダウン症のある生徒に気づき、彼を数学の上級クラスに移した。「そこでこの教員は、その生徒が彼自身の努力と周りの支援によって、十分にこのクラスについていくことができたことを目の当たりにしたのだ。つまり、この教員の行いによって、このダウン症のある生徒は社会との関係を改善することに成功した」(Fox, Farrell and Davis 2004)。(小学校レベルの)インクルーシブ教育の効果に関する同様の研究では、親はインクルーシブ教育を肯定的に評価していること、そして普通の生徒はダウン症のある生徒に対して他の生徒と同じように接することが強調されている。

しかし「ダウン症のある少女にとって、同年齢の子どもたちが彼女の手の届かないところで成長し、その結果彼女自身が排除されてしまう」中学校では、小学校レベルで起きていたことと同じようなことは起こらないとウォーノックたちは信じている(Warnock 2010 : 30)。私たちがダウン症のある生徒たちに最高レベルの支援を与えず彼らを失望させ続けているにもかかわらず、同級生たちはいずれにしてもダウン症のある生徒を遠ざけるのだなどというのは、ダウン症がある生徒に対しても、そうでない生徒に対しても尊大で横柄なことである。どういう子どもであろうと、インクルーシブ教育に順応できる子どももいればできない子どももいる。しかし、もし私たちが真に公正で平等な社会は努力して手に入れるべきものであると信じるならば、インクルーシブ教育は失敗であると言う前に少しでも改善する努力をしてみるべきである。

「特別教育ニーズ」をめぐる課題

２０１１年の「特別教育ニーズに関する報告書（グリーン・ペーパー）」は、ウォーノックのこうした見方を参照しつつ、私たちが「特別教育ニーズ」というものの意味自体を取り違えていると主張しているようだ。以下に示すいくつかの重要なポイント次第では、学習上の困難のある生徒に対する隔離教育を正当化することにもなるだろう。まず、実際の「特別教育ニーズ」の対象となる生徒の数がかなり誇張されてきた。しばしば取り上げられる統計として、「特別教育ニーズ」が必要だという判定を受ける子どもは全体の（２％どころか）20％に近い数だというものがある（Warnock 2007 : 14）。しかし、これは若干誤った統計であり、デイリー・メール紙に掲載されたローザ・モンクトンの、「これほど多くの普通の子どもたちに特別なニーズがあるとみなされていることに激しい怒りを覚える」（Monckton 2010）というタイトルの記事等を通じて、今ではこれほど高い数値ではないという立場が主流になりつつある。誇張された数字が出てきたのは、社会が子どもの学習能力の不振について医学的見地からの説明を求めるようになっていることに原因の一端がある（Furedi 2008）。しかしそれは、インクルーシブ教育に対する批判の根拠とはならないはずだ。

彼女は続けて、「特別なニーズがあると誤って判定された子どもたちが多すぎる。支援を真に必要としている子どもたちへの適切な第三者評価や経済的サポートが行き届いていない」と述べている。ここには、普通学校では彼らの要求にきちんと対応することができないという彼女の考えが根底にある。モンクトンははっきりと以下のように書いている。

まず時代遅れになった考え方を取り上げよう。それは、すべての子どもは平等であり、最も聡明な子どもも深刻な事情を抱えた子どももすべて一緒に教育されるべきであるという、誤った、ワンパターンの考えである。

モンクトンは、そうした結果、素晴らしい特別支援学校の多くが閉鎖されてきたと言うのだ。たとえば、サセックスの私たちの家の近所には、ドメニカ（モンクトンのダウン症のある娘）のような中程度の学習上の困難を抱える子どものための学校は一つもない。そして国中で、特別支援学校があれば幸せに過ごせるはずの生徒たちが普通の学校へと送られると批判している（Monckton 2010）。

モンクトンは興味深い言葉を使っている。それは、「特別支援学校（special school）」が「スペシャリストの学校（specialist school）」になることは素晴らしいことであると言うのである。しかし、「特別教育ニーズ」の対象となるこれらすべての子どもたちは、教育の質が低い普通小学校へ無理矢理通わされており、その質の低さの原因は、「教員たちが、多様な能力の生徒が混在したなかで各自の主体性を重視する、70年代から80年代の時代遅れの教育メソッドにいまだにこだわっている」ことにあると言う。

他方デイリー・テレグラフ紙は、モンクトンとは異なった視点からではあるが、医療上の根拠を求めるのは医療への責任転嫁だとして批判するフランシス・ギルバートの記事を掲載している。すなわち、「『特別教育ニーズ』は、子どもたちの害となる一時的な流行である」と題された記事のなかで彼は、「特別教育ニーズ」における診断評価システムを、個々の要求に対応しているわけではなく、教育が限界にきており、その責任から逃れる手段として子どもにレッテル貼りをする「過保護な医療」を制度化したものであると論じ、さらにこう結論づける。「こうしたことを考えると、おそらく、『特別教育ニーズ』という言葉、そしてそれに付随する専門用語を一切合切《いっさいがっさい》捨て去るときが来たのだと思わざるをえない」(Gilbert 2010)。

1970年代および80年代の積極的なインクルーシブ教育推進に対するこうした批判は、今後数年間の定番となりそうである。公立学校では、現実にはインクルーシブ教育も隔離教育もうまくいっていない。私立学校の場合、経営の効率を最優先する学校法人にとって、20%の生徒に特別な配慮と支援が必要になるというのは、耳にしたくない話であろうが、もし「スペシャリストの学校」に送り返すような児童が2%しかいないのだとすれば、その2%の子どもを隔離することによって、他を一律に扱う教育ができ、学校運営はもっと効率的になると考えるだろう。

子どもの行動や学習形態を説明するものとして医学的診断を利用する風潮があり、それゆえ、数多くの子どもがＡＤＨＤ（注意欠陥多動性障害）や失読症や自閉症などがあると分類されていることについて、学校関係者が懸念するのも無理はない（実際には分類されている子どもの大多数が経済的理由で追加支援を必要としているだけだ）。フィッツパトリックは次のように書いている。「学習上の困難や精神的な病気を抱える人びとに対する『尊厳』が向上したということは、逆に教育制度のなかだけではなく社会全体において、困難を抱える人に対する期待値が下がったから、その『尊厳』が向上したようにみえるのである」(Fitzpatrick 2009 : 35)。

判断を医学に委ねる、すなわち判断を放棄しているという意味で人びとの判断基準が下がっているかもしれないというのは、かなり主観的だけれども説得力がある。しかし、「尊厳が高まる」ことで施設入所が促進されるのであれば全く意味はないし、問題を極端に単純化しているだけだ。それは社会の発展を犠牲にすることにもなる。もし社会が個人の事情を重視する、過度に個人主義に傾倒した教育に走るのであれば、学習に困難を抱えている人びとは、個人に医学的なレッテルを貼られて、その結果もっと排除されるという不幸な結論に至る可能性もある。

ウォーノックはパンフレットにおいて、イギリスの教育システムの根本的な矛盾についてアラン・ダイソンを引用して説明している。その矛盾とは、「すべての学習者を基本的に同じようにそして平等に扱うという意図と、彼らを異なった者として扱うという正反対の意図」（Warnock 2007：14）の間の矛盾である。つまりこの二つの意図が同時に存在することによって、「特別教育ニーズ」の対象となる子どもたちが専門家からの必要な支援を受けられなくなるというのである。私は実際のところ同じような主張をしてきた。つまり、ダウン症のある子どもは、ダウン症やその学習傾向に関する私たちの知識を活用した「オーダーメイドの教育」を必ずしも受けていないということである。しかし、こうしたオーダーメイドのトレーニングを普通学校で利用できるようにすれば、カリキュラムが正しい方向に改善できるというのが私の論理的な結論である。

これに対しては、学校が何らかの診断を受けた子どもの強みや弱みといった細かい点に対処できないのではないか、そして（医学的な）違いを特定することによって、それがいじめや争いの種になるのではないかという反論があるだろう。しかし、それは正しくない。というのも、インクルーシブ教育の重要性をきちんと理解している教員であれば、すべての生徒の学習傾向にどのように適応するかを日々検討しているからであり、それが可能となる多くの手段や方法をもっているからである。そして、現在では一般的なグループワークやプロジェクトワークがよく機能しており、子どもたちは協働しお互いに助け合うようになっていると言われている。ダウン症のある子どもの傾向を理解することは、いじめを生むようなものではなく、どのようなワークの方法がうまくいったりいかなかったりするのかを明らかにし、それによって学習が促進されインクルーシブ教育を補強することになる。

特別支援学校は子どもたちの要求をより適切に満たす体制が整っているという思い込みがある。これはダウン症のケースにはまったくあてはまらない。つまり、特別支援学校がダウン症に関する最新の情報を収集しようとせず、「特別教育ニーズ」の対象となる子どもを適切に教育するスキルももとうとしないという証拠を、私たちは幾度となくみてきた。たとえば、慈善団体であるダウン症教育インターナショナルの最新の研究に基づいて運営されるコースには、専門的な訓練を受けてきた教員がほとんど参加しない。加えてダウン症のある子どもがいる学校に資金提供する地元の慈善団体について、特別支援学校と普通学校の対応は全く異なっている。たとえば、普通学校は「ニューミコン」[17]のセットをリクエストしているにもかかわらず、特別支援学校は同じ歳の子どもたちのために光るボールといったようなものしか要求しないのだ。

地方教育委員会は、サービスの提供者であり、資金提供者でもあるという中途半端な立場に立っている。結果として地方教育委員会は、子どもたちが実際に必要としているものよりも「自分たちがやりくりできる範囲」のことしかしない。ダウン症のある子どもを教育する現場が必要としている共通の課題は言語療法の提供であるが、それは高額であるがゆえに、もっぱら地方教育委員会の判断にゆだねられ、親たちは委員会に働きかけを行うことになる。判定書を発行する過程は複雑でこみ入っている。そのなかで言語療法の提供を強く主張する親たち――

(17) 数字の大小や足し算・引き算を学ぶことのできる視覚教材。

しばしば教養ある中産階級であることが多い――に対する批判が露呈することもある。

「特別教育ニーズ」というシステムは改善が必要だということに疑問の余地はないが、以下の点だけは維持ないし強化していかなければならない。

1　もし両親が要求すれば、普通学校は「特別教育ニーズ」の対象となる子どもを受け入れるという法的規定を整備しなければならない。

2　現在、地方教育委員会が公認の言語聴覚士など適切な専門家のために使う資金を配分しているが、こうした資金の使途は学校の裁量に委ねられているので、一貫した専門的サポートとそれに対する理解が保てなくなる可能性がある。このシステムは、一から作り直すのではなく、改善することが必要である。

3　インクルーシブ教育に関して、すべての関係者が理解し同意できるような前向きの戦略を立てなければならない。

4　「特別教育ニーズ」について教員に対するトレーニングおよび実地経験を

義務化する必要がある。

普通学校のすべてが完璧なわけではないことは明白である。だが、インクルーシブ教育から手を引くことは事態を後退させることとなるであろう。普通学校にも多くの良い教員がいる。彼らは、正しい支援が与えられれば、すべての生徒の利益になり、ダウン症のある子どもの大きな利益となる素晴らしいインクルーシブ教育を成し遂げるだろう。『ラム調査』が主張したように、現在のシステムが直面している最も大きな課題は、それが「うまくいかないことを前提に設計されている」ということである。

第3章

フランキー・ボイルのショーで経験したこと

2010年4月のことだ。私は妻と連れだってお笑いワンマンショーを観に出かけた。フランキー・ボイルというコメディアンのものだ。ボイルは「毒舌」スタイルを売りにした、イギリスでは評判のお笑い芸人である。早めに予約したというわけでもなかったが、私たちの席は最前列だった。ボイルは「毒舌」だがとても賢い。偏見を打ち破ろうとするし、有名人や権力者の化けの皮を剥がそうとする。さらに、イスラエルがパレスチナでやってることをネタにしてしまうし、女王陛下を始め特別なセレブ相手にひどいジョークを飛ばすので、これまでにも数々の批判を浴びてきた。

ボイルはしかし、差別に反対し政治的に戦おうとするタイプではない。彼のジョークは人びとをハッとさせる斬新なもので、ギリギリの一線を超えようとタブーに挑戦する。その限りではごく普通の伝統的なジョークともいえる。

ただ、ユーモアは難しい。カーとグリーブズが記しているように、「この手の〝一線〟に挑戦する類いのユーモアは一歩間違えるとまずもって攻撃だと受け取られてしまいかねない。そういう傾向がある。ジョークを聴く者は憤激をもって聴き、憤激をもって応答することになる」(Carr and Greeves 2007 : 191)。

ただ私たちの場合、「憤激」ではなく哀しみだった。失望であった。その晩のボイルのジョークは、ダウン症のある人びとをターゲットにするものだった。私たち夫婦は飛び上がってステージに登ってショーを止めようとはしなかった。ただただ不快感に襲われ、当惑していた。怒るどころではなかった。フランキー・ボイルはダウン症のある人についてまくしたてた。早死にするだとか、服装が見苦しいとか、親が歳とっているとか、そんなことだ。果ては蒙古症といった差別用語まで使ったり、全く何を言ってるのかよく分からないしゃべり方をして、ダウン症のある人びとのフリだといった。妻は動揺していた。それは、怒りではなく、哀しみからであった。私は妻に身体を寄せて、大丈夫かと声をかけた。すると、フランキー・ボイルがそれに気づいた。私たちの席は最前列だったので、当然といえば当然だった。

彼は、私たちが何を話しているのかと聞いてきた。妻が彼にいった。私の娘にはダウン症がある、だから今のジョークでとても混乱しているのだ、と。フランキーは沈黙した。でもそれは一瞬にすぎなかった。彼はこう答えた。「これはきっと、ぼくのプロとしての仕事のなかでいちばん不愉快なものになると思うな」。そして繰り返しこういってのけた。「でもぼくが喋ったことって、ほんとのことだろ、ね?」と。

私も妻もそんなことはないと言い返したのだが、もうこんな不快でひどいことは続けたくなかった。フランキーはというと、「今日がツアーの千秋楽だからもうそんなこと別にどうでもいいや」と言い放って、あの毒の効いたユーモアでもってこのやりとりを吹き飛ばしてしまった。

こうしてその晩は素晴らしい夜とはいかなかった。翌朝、妻は友人たちからいろいろと聞かれたこともあり、その晩の出来事についてブログにまとめた。彼女は自分が感じたことをそのまま書いた。友人にだけは知っておいてもらいたいという想い、それだけだった。それなのに、彼女が書いたことは彼女のもとを離れ、一人歩きを始めた。そして、こうした場合に必ず起こることがまさに起こってしまった。ブログの記事がツイッターで拡散していく。その勢いは否応なしに増していく。ブログを書いたその日の午後遅く、ガーディアン紙から彼女に電話がかかってきた。短い記事が掲載されていたのだった。それは「フランキー・ボイル、ダウン症のある子の母と対決」なんていう記事だ（Walker 2010）。それからの24時間、事態は狂騒じみていく。ほとんどすべての全国紙が取り上げる。テレビのニュースも、ＢＢＣのラジオもだ。

予期せず吹き荒れてしまった嵐のなかには、数多くの誤解があった。私と妻が立ち上がってボイルとにらみ合ったとか、新聞社に駆け込んだとか、そういった類いのものだ。そして極めつけのナンセンスが、私たちが5歳の娘をお笑いショーに「実際に連れて行った」という誤解だ。世論の反応は真っ二つに分かれた。ダウン症のある人のことを理解してくれて、私たちと同じようにボイルのジョークはひどいといってくれる人たちはたくさんいた。他方で、私たちが表現の自由を破壊したがっているという人たちも同じくらいたくさんいた。とくにデイリー・メール紙の読者層がそうだった。そういう人たちはちょっとしたことでカリカリしてしまうようだ。

社会のルールは観客によってそれぞれに異なる。この手の話が複雑になってしまうのは、お笑いショーのジョークを非難する人たちの大多数が、自分とは関係のない少数派の言いたいことを、さも当事者であるかのように代弁しようとしてしまうからだ。(Carr and Greeves 2007 : 191)

実際のところ、あの晩、私たちはダウン症についてのあいも変わらぬ退屈な偏見に出合ってしまって、がっかりしていただけなのだ。つまり、傷つけられたというより、失望というほうがより適切だ。それもノーム・チョムスキー(1)やジョージ・モンビオット(2)に影響されているといって憚《はばか》らないお笑い芸人の偏見である。ボイルはこんなふうに語っている。

私がチョムスキーにのめり込んだのは、とあるインタビューでビル・ヒッ

(1)ノーム・チョムスキー(1928-)。哲学者、言語学者。マサチューセッツ工科大学名誉教授。現在、存命中の学者のなかでは最も引用された頻度の多い学者として知られる。ベトナム戦争批判を始めとする政治批評でも知られる。

(2)イギリスのジャーナリスト。環境問題やエネルギー問題に詳しく発言力がある。

クス[3]が彼について語っていたからさ。ビル・ヒックスは私の大好きなお笑い芸人だ。彼の政治思想には、まさに彼ならではの独特なものがあると思う。(Boyle 2010 : 98)

ここにはビル・ヒックスという進歩的なコメディアンを信じる者がもたらした、進歩を拒否する考え方が見受けられる。ボイルは「コメディこそが、破壊的で一般には受け入れられにくい進歩的な思想を、主流派の考え方に食い込ませることのできる選りすぐりのアートなのだと信じて」(Dalton 2008) いる。この考えが、しかしながら、ボイルの反進歩的なコメディを生みだしてしまった。

私たちはダウン症をネタにする権利までは否定していない（右寄りの新聞の多くが、私たちがそのような題材（ネタ）を取り扱うことまで「禁止する」よう要求しているといって、しゃかりきになっていた）。けれども、そうしたネタを使うことに反対する権利もまた、認められるべきだと思う。そして、そもそも私たちがそうしたお笑いショーを観にいく権利についても。というのもそれからの数日間、なんども同じフレーズが繰り返されたからである。「障がいのある子をも

(3) アメリカの風刺的なコメディアン。自らのことを「下品なチョムスキー」という。

つ親ならば、もっと他にいくべき場所があるだろうに」と。
妻のシャロンがブログでこう書いている。

素敵な夜のお出かけになるはずだったのに、本当に思いもよらない惨事になってしまった。私だって、娘の良さを十分に発揮させてあげているなんて、これっぽっちも思ってない。でも観客達にとって、私は「頭に血が上ったどこかの女」になっちゃった。フランキー・ボイルはといえば、そう、彼は私にこういったんだよね。「知ったこっちゃねえ」と。

なんで動揺しちゃったのか、みんなにうまく説明できたらなぁって本当に思う。ダウン症についてみんなが考えていることがどれだけ間違ってるのか、ちゃんとみんなに教えたかった。私がどれだけ娘を誇りに思ってるのか、みんなに知ってほしかった。娘が普通の学校で問題なくやってるってところを、伝えたかった。彼女がどんなに可愛いか、何百枚もの写真を見せつけてやりたかった。可愛らしい服を着てるし、ヘアスタイルだって悪くない（ただ歯磨き粉やマーマイト(4)を髪の毛につけちゃったときは別だけど……）。私の望みはみ

(4) イギリスで食される発酵食品。

んなの偏見を壊すこと。みんなが考えている固定観念がどれだけ間違ってるか、みんなに知ってもらうこと。なのに結局私は、お笑いワンマンショー・ライブのことなんて何にも理解できないヤツだって思われて終わってしまった。ほんとはぜんぜん違うのに。(Smith 2010)

このあと、話はまったく違う方向へと動き始めた。それも驚くほど延々と。そう、３カ月ほど経ってからだ。ジュリー・バーチルがタイムズ紙にこんなふうに書いている。

あのボイルのライブ・ショーを観に行く奴らは結局のところお下品なボイルのライブのファンなんだ。胸くそ悪いものが大好きな連中なんだ！　だから奴らの言ってる不満なんて、ほんと、どうでもいい！(Burchill 2010)

今回の出来事には二つの注目すべき点がある。たとえ〝攻撃的な〟ところがあったとしても、自らを進歩的だと言って憚らないコメディアンが、どうしてこんなにも道をそれたことをしでかしてしまったのか。これが一つ。もう一つは、なぜこんなにも議論が広がり、注目を集めてしまったのか。

ダウン症をネタにした「寸劇」は、ボイルが観客の一人を選ぶところから始まった。彼はその客に仕事を尋ねる。ショーの会場はレディング(5)だった。マイクロソフト社の本社社屋にほど近い場所だ。ボイルがその社員を選んだとしても別段驚くべきことではない。当時はウィンドウズ7のキャンペーンの真っ最中だった。「ウィンドウズ7は私のアイデアだ」というコピーがつけられ、新しいOS（オペレーティング・システム）が大々的に宣伝されていた。ボイルのジョークはこうだ。自分のショーの広告にダウン症のある人の写真を貼り付け、これは私のアイデアだと語らせるのである（どんな理由か分からないが、ボイルによれば、自分が見つけたのは時代遅れになったモデルなんだってことを、確認したかったのだそうだ）。

この経験から私には、ダウン症をみる目に、ある種の中産階級的不安とでもいうようなものが見受けられることに気がついた。それは「世間の目が不安になり、

(5) イングランド南部の町。

他の子とは違って、決められた目標が達成できないのではないかと恐れ……他の家族がこだわることは何でも当たり前のことだと思い込んでしまう」（Gibson 1978：263）というようなものだ。

もう少し言えば、ショーのあった劇場であれ、その後に生じた論争のなかであれ、語られたことを通じて、とにかく見えてきたものは、人びとのなかに潜む非常に多くの固定観念（ステレオタイプ）だ。ダウン症は今や、個々の姿ではなく、一般化された形でみられるようになってしまったのだ。

ボイルは自分の〝賢い〟ユーモアが自慢だった。彼は〝出来の良い〟労働者中産階級の子どもだった。読み書きができて、頭も切れて、それが誇りだった。だからこそ、ダウン症に対する固定観念がボイルの格好の標的となった。彼の原点がここにある。彼がダウン症に毒づくのは、そのダウン症に対する世間一般の考えが固定されているからではない。固定観念が、誰にでも同じイメージを与える、なんとも使い勝手の良い道具なのだ。だからこそ、ボイルはダウン症の固定観念を使うのである。

人びとの間の固定観念について、スーダン・ソンタグがかつてこう述べている。

「社会は病を神秘化する」と。つまり、病について比喩（メタファー）を作りだし、病とは苦しみを激しく増すものだと思わせ、それが罰であり呪いであると広く人びとに信じ込ませてしまう。そうした病をめぐる比喩のなかで最も有害なのが、癌である。「癌＝死」だというわけだ（Sontag 1991：100）。彼女はこうした思い込みを取り去りたいと考えているが、それによると、病から「意味」を奪い去るためには、私たちが知性的に「解釈」することを止めて、空想的で論争的なやり方ではあるが、感受性に従って事実そのものを受け取ることが必要になる（Sontag 1991：99）。

ダウン症もまた「解釈」されて、別の喩え（メタファー）に変えられてしまったようだ。それも愚かさを表徴する言葉にである。「モンゴル（Mong）」、「ダウン（Downs）」、「知恵遅れ（Retard）」といった言葉でもって、まさにお手軽に人を侮辱することができる。「あいつら（others）」なんて言い方もよく使われる。白痴（idiocy）と軽蔑（contempt）をあらわす物言いだ。

こうした用語はまさに「施設収容（institutionalization）」に関連してイメージされる。ダウン症のある人びとを人間になりきれない何ものか（sub-humanity）

に貶《おとし》めてしまう。ダウン症がある以上、永遠に子どものままでいつまでも面倒をみてもらわなければいけないというふうになってしまう。ボイルのショーを報道する新聞の見出しが良い例だ。とくに「ダウン症の犠牲者たち」と「受難者たち」（Loveys 2010）としたデイリー・メール紙のものはあまりにもひどい。「受難者」はもちろん「犠牲者」も、遺伝子の条件が生みだすわけではない。

ダウン症のある人びとの人格を奪い去ってしまうのは、強制収容が作り上げたイメージである。ダウン症のある多くの人びとが施設に収容される。そこでは同じ服を着せられ、同じ髪型にされ、集団行動が強制される。まさに前時代の遺物のように状況は残酷だ。個人が絶対的であるかのように扱われる現代社会では、ダウン症のある人びとは考えうるかぎり最悪のポジションに追いやられてしまう。尊重される個人として存在することは許されない。つまり、永遠に「ダウン（Downs）」であり、「やつら（other）」として扱われてしまう。

フランキー・ボイルの事件にはイギリスダウン症協会も反応した。しかし協会がやったのは25年も前のキャンペーンを繰り返すことだけだった。協会の物言いはこうだ。

「1985年に私たちは国民的ポスターキャンペーンを実施して大成功を収めました。そのポスターに掲載したキャッチコピーはこういうものでした。『モンゴルって呼ぶの？　私たちはダウン症のある彼の友だちをデービッドって呼んでるよ』。しかし結局のところ、差別問題の本質は何も変わらなかったようだ」。

フランキー・ボイルにとって、ダウン症を匂わす言葉はうってつけの道具である。なぜなら、それは愚かさや時々話が次第にかみ合わなくなるといったダウン症の特徴が、とても使い勝手の良いうってつけの道具だからである。そして、そのようなダウン症の画一化された特徴的な外観によって、日々の自分たちの日常が薄っぺらな低俗なものになりかねないという恐れを抱かせるのである。ボイルが有名人の生活に「つまらない日常」を見いだしこれを攻撃するときの構図とまったく同じだ。とくに問題はダウン症に紐付けられた言葉にある。それはフランキー・ボイルだけの問題にとどまらない。社会全体にとっての問題なのである。ダウン症には不快をあらわす言葉が紐付けられ、ますます人を排除し、偏見を強固にしていく。

カーとグリーブスがこういうことを言っている。「ふざけて障がいのある人のまねをして、からかいたいという想いは、決してなくならない。彼らの障がいという相違は私たちの共同体の均質性を脅かすものであり、私たちの普通が何であるかを再確認する逸脱例として働いてしまうのである」（Carr and Greeves 2007：195）。

もちろん「障がいをジョークにするなんて決して認められない」と主張するのも間違いなのだと思う。大切なのは社会として何を受け入れ何を受け入れないのか、そしてその理由をきちんと理解しておくことである。オフコム[6]（Ofcom）が最近、人を攻撃する言葉について調べているが、それによると、「知恵遅れ（retard）」という言葉を使って良いかどうかについては、意見が割れている。もちろん、この言葉が特定集団に軽蔑の意味合いで使われた場合には、当然のことながら受け入れられていない。ただ、攻撃された経験のない人びとが言うには、知恵遅れという言葉はもはや誰かを名指した言葉ではなくなっている、そうした意味合いはとっくに消えている、と（Ofcom 2010）。

ただ、すでに何がＯＫで何がダメなのかを自由には考えられなくなっている。多くの人が過剰なほどの制約を感じている。こうした見方を代表するように、パ

(6) イギリスにおける電気通信放送等の規律監督を行う規制機関。

トリック・ウェストがテレグラフ紙に次のように書いている。

私はこの母親に同情を禁じえない。彼女が出会ったのはあの自虐的なスコットランド人なのだ。(7) 彼女が、彼の真意を正しく理解してくれることをただただ願うばかりである。フランキー・ボイルは本気で彼女の娘さんに嫌がらせをしようとしたわけではない。彼が意識せず怒りの矛先を向けているのは、権威主義と化してしまった文化なのだ。その文化にはお決まりの文句がある。それは「それ（その言葉）を言うことは許されない」という決まり文句だ。（West 2010）

つまり、ボイルと妻のあの個人的な言い争いのとき、ボイルのあの手のジョークは許されないという人は一人もいなかったのだ。むしろ、あんなジョークは面白くもないと言われたにすぎなかった。ただこの指摘のほうが、コメディアンに対しては存在を否定するような批判にはなるのだが。

問題は文化なのかもしれない。文化の視点からみると、ダウン症は後期資本主

(7) ボイルはスコットランドのグラスゴー出身。

義のほとんどの思潮と相容れないと言える。なかでも顕著なのは、すでにふれた個人主義に逆行する傾向である。この対立が最も重要だ。施設のなかに生き、美の対極にあって社会から疎外され、見た目が画一化していく恐怖ゆえに、ダウン症があっても施設に近寄らなかった人がいる。

ミネット・マリンがタイムズ紙で、ダウン症にとって最良の選択は人工中絶だ、という主張を展開した。その主張によると「現代は性的なものが最重視される文化のもとにあり、パーフェクト（完璧）なスタイル（身体）と美しさを手に入れ、性の相手の獲得に成功すると崇拝される。したがってダウン症のある人びとにとって、成人したのちの生活も苦痛以外の何ものでもない」（Marrin 2008）。彼女はさらに続けて、ダウン症のある人びとは生涯にわたって家族に、さらにまた社会福祉に依存しなければならないと指摘している。もちろんダウン症のある人びとに対する支援は必要だ。状況にもよるが、たしかに人生のかなり遅い時期（晩年）まで支援をしなくてはいけないこともある。けれども、ダウン症のある人びとの多くが、ほぼ自立した生活を送っていることも事実だ。マリンの頭のなかでは、ただ美しくないというだけのことが、人工中絶を正当化する極端な議論になってしまっているようだ。

残念としか言いようがないが、ダウン症にみられがちな「容貌」に気を病んでしまう親もいる。平べったい横顔、平べったい鼻梁、小さい鼻、内から外へ斜めにつり上がった目、目頭の辺り・瞼の間を皮膚が縦に覆い（内眼角贅皮）、口が小さく舌が大きく見え、足の親指と人差し指の間が大きく開いていて（サンダル・ギャップ）、手が大きいのに指は短くて、小指は内側に曲がっていて、手のひらの皺は生命線が一本（手掌線）走っている（Seyman 2007）。こんな感じだ。

ロンドンに住むあるダウン症のある子の親の話だが、自分の一人娘がまだ5歳のときに何回も手術を受けさせたという。その手術はたとえば「昔からダウン症の特徴とされてきた『蒙古人』風の容貌が目立たないようにするために瞼の間の皮膚の襞を除去してしまう」といったものだった（BBC News 1998）。その両親は、自分たちの娘が学校でからかわれないようにしたかったのである。けれども、彼女が手術の前にその容姿のせいでからかわれるなんてことはなかったと両親も認めている。報道によれば、その母親はこう話しているという。「私たちが住んでいる社会は、ルックス（見た目／容姿）で人を判断します。社会は一夜で変わりません。したがって社会が彼女のやり方に合わせるのではなく、ジョージア（娘）が社会に合わせなくてはいけないのです」（BBC News 1998）。先のマリンの引用を前提にすると、この母親の考え方には反論しづらいものがある。彼女がしたことは、やがて世間が評価するだろうし、彼女は非難を受けることになるかもしれない。しかしそれにしても、いったいぜんたい、子どもに整形手術を施すなんて、何かが間違っていないだろうか。整形手術したって、ダウン症の実質は何も変わらないのだから。

「ぼくは知恵遅れなの？　それとも喜んで大騒ぎしてるだけ？」

（グリーン・デイ[8]『郊外に住むジーザス』（Jesus of Suburbia）の一節より）

「知恵遅れ」の人に対するイメージを固定化していくのと、その人の日常生活を冷笑し社会から疎外するのとは、実のところまったく別の次元のことである。冒頭の言葉はこのことを如実に語っているようだ。仮に前者の「固定化」が個を否定（反個人主義）しようとするのだとしたら、後者は彼らを「幸せなバカ」（happy-idiot）と攻撃する。「ダウン症のある人たちって幸せじゃん」というよく

(8) アメリカのロックバンド。１９９５年にグラミー賞を受賞。反体制的、過激な歌詞を含む場合があり、パンクバンドと形容されるときもある。

聞かれるフレーズがその典型例だ。ダウン症のある人たちの気分はなにも特別なわけではない。それなのにダウン症がある人たちはいつも幸せな気持ちでいるなんていう誤解がはびこっている。それがかえって社会からの孤立を際立たせてしまう。社会なるもの、健康や幸福といった何とも抽象的な感覚をどうしても欲してしまうらしい。デイヴィッド・キャメロン首相が格好の例だ。彼は、まさにこの意味での幸福を徹底して追求した（BBC News 2006）。そうした幸せを扱った書籍もテレビ番組も枚挙にいとまがない。

現代の社会を生きることは誰にとっても厳しい。それにもかかわらず「幸せでいる」とみられると、まさにそのために、やっぱり普通とは違う存在だとみなされてしまう。自分の周りの世界を理解せず、他の人たちと一緒にやっていこうともしない「よそ者」として扱われてしまう。遺伝子のために「幸せ」でいられるのだとすれば、もうあとは他者が同じ人間として責任を感じて支援しケアしてくれる。しかしその結果、ダウン症のある人たちは、とくに深く考えられることもなく、よそ者として排除されてしまう。

つまり、幸せであることは同時に、従順であること、脅威として存在しないことを意味する。興味深いことに、フランキー・ボイルは自分のジョークで騒動を引き起こして以来、直接のコメントを一切控えてきたのだけれど、ここにいたってダウン症についての新しいジョークを披露しているという。報道によれば、それは自分の騒動を軽いものだと見せるためのもので、彼はこう言っている。「あの猛反発のあと、ダウン症のある子どもにハグされて死にそうになったよ。怖かったなあ」(Faulkner 2010)。

なんとも興味深く考えさせられる一節だ。彼のジョークの巧妙さが分かるだろう。まず、このジョークはダウン症のある人びとが「ハグ」をしてくる無邪気で幸福な人たちであると理解して、その理解を観客と共有している。しかし同時に、ダウン症のある子どもが自分を殺しにかかったというのである。なんという両極の併存！　ダウン症のある人びとに対するポジティブな見方と、その見方を否定するものとが、まさに併存しているのである。

私たちが障がい者について語る言葉はそもそも重要だろうか。思うに、答えはたぶん、イエスでありノーでもある。差別的な言葉の是正を目指した時代が一段落したあと、私たちは今おそらく最悪の時を迎えている。なぜなら、偏見や排除を実際に解決するために言葉を言い換えて物事の名称を変えてきたのだが、そのためにかえって事態は混沌としてしまった。その言葉が本当に軽蔑に満ち相手の気持ちを傷つけるものであるなら、当然使うべきではないだろう。そうでないと公平でいられない。けれども、言葉を替えたからといって、それが現実の行動となってインクルーシブ教育が実現するわけでもない。実際、「ダウン」とか「モンゴル」といったお決まりの呼び名を使わず、何か他の抽象的な言葉に替えたところで、むしろそちらのほうがダメージが大きいという場合もある。多くの人が賛成すると思うのだけれど、人を最も傷つける言葉は、なんといっても「リスク」である。妊娠して検査を受けるとき、ダウン症のある子どもを授かった場合の「リスク」のレベル（度合い）が調べられる。決して「チャンス」とは言われない。この言葉一つで他のどんな言葉よりも多くのメッセージを放ってしまうのである。

ダウン症がどのように認識され、語られ、イメージされているのかをみていくには、その認識や語りやイメージが社会的な圧力に直接の影響を受けているという点を考えていかなければならない。マーシャル・マクルーハンがかつて言っていたことだが、無知でいるというのは、実は意図的なことなのである（私たちの環境は情報に満ちあふれているのだから）[9]。ダウン症についての無知も、まさにこの意味において、とてもリアルに、危険な結果を引き起こしている。私たちはこれまで、長い間、出生前診断について、また教育について、議論を続けてきた。しかしその一方で、障がい者を虐待したかどで司法に裁かれる人の数は絶えることなく、毎日必ず一人は裁判のため法廷に引きずり出されている（Equality and Human Rights Commission 2010）。これに加えて、メンキャップ[10]の報告書『無関心による死』をあげておきたい。それによれば、学習障がいのある人びとは「国民保健サービスの制度のなかで差別」されており、この差別がまさに、死にいたるネグレクト（育児放棄）をもたらしているという。

　医療専門家の態度に関して、イギリスダウン症協会が１９９９年に大規模な調査を実施している。報告書のタイトルはこうだ。『彼が軍に入隊することは絶対にないだろう』。報告書によると、偏見がまさに広範に浸透している。適切な医療ケアを受けようにも、当たり前のように拒否されてしまう。報告書は次のようにまとめている。

(9) 情報が増えれば増えるほど、私たちは思考停止に追い込まれるの意（Mcluhan, 'Living in a Acoustic World', public lecture at University Florida, 1970）。また、「かくして、不安の、電気メディアの時代は、無意識の、無関心の時代でもある」（マクルーハン、栗原裕・河本仲聖訳『メディア論 人間の拡張の諸相』１９８７年、みすず書房、49ページ）。

(10) 学習障がいがある人びとのためのイギリスの団体。

多くの医療スタッフが、ダウン症のある人びとを2級市民だと見なしている。それが治療方針の決定に影響を与えてしまう例が実に多い。その実例はさまざまにある。ダウン症のある人びとは、聞こえづらいとか見えづらいといった症状を訴えても、普通に治療してもらえなかった。生活の質を左右してしまうほどの辛さでもないのにだ。難病のある子どもの親の場合、通常の病とは違って生命維持のための医療措置を差し控えるよう示唆されることがある。このことをここで付記しておきたい。

通常より多く染色体をもったとしても、痛みをともなうことなどつゆほどもない。それなのに、ダウン症のある人びとに関連する新聞記事では、「患い苦しむ」という言い回しが必ずと言って良いほど使われる。ダウン症のある人は「苦しみをもつ人（victim）」であるとみられるのである。こうしたアングルからは、そうした人びとには同情や慈悲が必要なのに支援が届いていないというメッセージが読みとれる。

障がい者を生みだすのは障がいそのものではなく、社会のほうだとする議論がある。いわゆる障がいの「社会理論」と呼ばれるものだ。幅広く論じられているものの、私はいつでもこれがあてはまるとは考えていない。ダウン症のある人びとには、さらに追加のサポートが必要なのである。だがその一方で、社会における（障がい当事者をめぐる）力の相違が著しく増加している。つまり、ネガティブ（否定的）なイメージを作り、感情的な言葉を出回らせることで、本当は、誰にそのサポートを提供すべきなのかという公平に配分すべき決定が徐々にできなくなってきている。ダウン症のある人びとがいかに社会にインクルージョン（包摂）されているか、あるいはされていないかを考えるとき、こうした社会の側の動きがとてもリアルに延々と影響を及ぼし続けている。

このような「障がいの社会理論」による分析は、過去20年の間にほぼ標準的なものとなった。その響きは革新的で、反主流派とさえ言えそうなのだが、実際のところ、ソーシャル・ワーカーから政府関係者、障がい者グループに属する人びとまで、ほぼすべての人びとがこの理論による分析を受け入れている。けれども、その期待された効果はいまだ実現されていない。言葉を替えるのは諸刃《もろは》の剣だ。差別の色合いを薄めるのだとしても、それは事の本質を剥きだしにするだけだ。言葉を変えても「変わるのはその言葉だけ」。障がいのある個人は今や普通ではありえないニーズをもった人だとみられるようになる。そうした人びとが社会で十分な役割を担えるようになるには実際的な支援が必要になるが、そうした支援はどのようなものであれ、否定されるようになってしまった。

すでに論じてきたように、この社会では生殖のいっそうの商品化が進んでいる。ジャン・ボードリヤール[11]がこう指摘している。生命の誕生はその意味を変えてしまった。社会は今や遺伝子をコントロールし操作することに汲々としており、その結果、「初めて出会う本物の一人の人間」でなく、「クローン子ども」が望まれるようになってしまった。「子どもをもつことは、もはや、かつてのような死と隣り合わせで偶然が左右する運命的な出来事ではなくなった。そのため、両親にとっては喜ばしいことではなくなり、今や子どもは商品と化してしまった」(Baudrillard 2002 : 106)。子どもの商品化は私たちから未来を奪い去る。子はもはや未来ではない。子どもを授かることは「生きている時間の外(=時代遅れ)」

(11) ジャン・ボードリヤール(1929-2007)。フランスの哲学者。『消費社会の神話と構造』で物の価値が記号化されていくと指摘し、大きな論争を巻き起こした。

の出来事になる。それは私たちの運命を創造するプロセスというより、技術のプロセスとなる（Baudrillard 2002：105）。

社会にはダウン症のある子どもたちに対する偏見があるが、それは何かこう「よそ者」に向き合うときのようなものに感じられる。子が誕生することと、その子にダウン症があることの間には、本来何の関係もないはずだ。誕生した子にダウン症があったからといって、それを特定の行動や階級や人種に結びつけることはできない。ダウン症はまったくもって当たり前のことである。ただ、たとえば目の青さ、顔の作りが両親や兄弟とは似ていないといった身体的特徴が「目じるし（マーカー）」となってダウン症のある人は異質な人びとであるかのようにみられてしまう。

まさにこうした「異質なものであること」が理由となって、両親が拒絶してしまうということが、これまでにもあったように思う。おそらく、とくに中産階級の場合、ダウン症のある子どもの容姿が思いもよらず普通とは違うという感情が生じてしまう。すでに論じたように、遺伝子検査がスタートしたのは、ちょうど消費者の「個人」としての選択が大切にされ始めた70年代後半から80年代初頭にかけてのことである。典型例を一つあげておく。オーストラリアのヴィクトリアでの出来事だ。二人の女性が医師に対して訴訟を起こしていた。胎児のダウン症診断に失敗し、ダウン症があることを見つけられなかったため、人工中絶の機会が失われてしまったというのだ。ヘラルド・サン紙が次のように報じている。「どちらのカップルも、算定不能なほどの損害を受けたと主張している。経済的損失、子どものケアを継続していくためのコスト、そして『心理的なダメージ』である」(Betts 2010)。

エミリー

ダウン症のある人の生活というと、ある種の耐えがたい苦痛に見舞われているというイメージがいまだに浸透している。シアン・ヒューというほぼ無名の詩人が2006年にアーボン財団による国際ポエム賞を受賞した。名誉ある賞だ(この賞はアンドリュー・モーション(12)も受賞している)。彼女の詩には「見送り(お別れ)」(The Send-Off)というタイトルがつけられていた。ダウン症のある子ど

(12) イギリスの詩人、作家。1981年に「手紙」という詩で受賞し、2012年以来イギリスの「イギリスの農村地域を守ろう」という運動の会長。

も、それも「彼女が産まないと決断した子ども」への哀歌だという。彼女は胎児にエミリーという名前を付けていた。

彼女の詩は実に幅広くあちらこちらで取り上げられた。多くの人びとが彼女の詩に心動かされた。母が選択しなければならなかったことが、いかに厳しいものであったか。BBC4のラジオ番組、「ウーマンズ・アワー」に出演してからは、とくに注目の的になっていった。

アーボン財団の主催者の公式発表によると、彼女の詩は26節あるが、それは「健康な子ども」の場合にみられる26対の染色体をあらわしている。第20節目に一つ余分に1行挿入されているが、それにより「詩のバランスを崩し、子どもの診断結果を反映させる」ようにしているのだという（まったくの余談だが、この記述は医学的な正確さを欠いている。人は23対の染色体をもつのであって、26対ではない。また「トリソミー」つまりダウン症にみられる一つ多い染色体は21番目であって、彼女が余分に行を挿入した20番目ではない）。

彼女の詩のタイトル「見送り（お別れ）」は、ウィルフレッド・オーウェン[13]が歌った第一次世界大戦の詩のタイトルと同じだ。個人の悲劇について静かに目

(13) ウィルフレッド・オーウェン（1883-1918）。イギリスの詩人。Anthem for Doomed Youth など。家畜のように死んでいったもののために鳴るのはどんな鐘か？／たけり狂った拳銃の音とガタガタとなり続けるライフルの音が／彼らにとっての唯一の祈りの声／銃の音のほかには　どんなあざけりの声も祈りも鐘の音も嘆きの声も聞こえない／泣き叫ぶ銃弾の振るえ（ママ）と轟音とが悲しみの国から彼らに呼びかける（壺齋散人訳）など、第一次世界大戦時の毒ガス体験を題材に詩を書いた。

立たないように語りたかったのだと、彼女は「ウーマンズ・アワー」のインタビューで語っている。

誰かが何かを数えていた
彼らはあなたも数えることにした
そのとき
彼らはあなたのなかにズレを見つけた
本当は偶数になるはずだったのだ
彼らはそれをトリソミー21番と呼んだ
ラッキーナンバー、ではなかった

(Hughes 2009 : 38)

人工中絶すべきなのか。その決断は個人的である〝べき〟だが、深く抉《えぐ》るような痛みと苦しみを絶えずともなう。障がいのある子をもつべきか、もたざるべきか。その決定のほとんどが社会に強制された考え方に従って下されると論じる人びとを、ジュリエット・ティザードは批判する（彼女はヒト受精・発生学機関（ＨＦＥＡ）の政策マネージャーで、保守・自由民主連立政権は同機関の解散をすでにアナウンスしている。その規制権限は他の機関に分散される予定だ）。彼女の主張はこうだ。それは結論のある議論などではなく、そもそも「社会に影響されない決断などは存在しない」のだと（Tizzard 2002 : 37）。

彼女は両親の決断を尊重している。それも健全な尊重だ。両親は自分たちがどんな支援を受けられるのかを現実的に考えながら、合理的に判断することができるのだと彼女は考えている。両親に対する社会的な圧力が取り除かれ、「子を授かった多くの両親にとって」あらゆる点で平等になれば、「障がいのある子どもをもつべきだとする判断が最良のものになるとは考えられない」、そう彼女は言う（Tizzard 2002 : 38）。

しかし彼女は自身のこうした議論を自分で損なってしまっている。ダウン症をめぐる数々の神話を何度も繰り返していくのである。彼女によるとダウン症は「その厳しさの程度に依存」するのだという（トリソミー21番はいうまでもなく染色体の状態であって、要は、もつかどうかの二者択一だ。「程度」の問題ではない)。

もしもこの世が理想の世界なら、ティザードの立場は賞賛に価すると言えたかもしれない。けれども、環境の要因や経済の要因を度外視して、偏見に満ちた政治の影響も考えないというのでは純朴すぎるとしか言いようがない。選択が現実的であるためには、本当の意味で社会が一つになっていなければならない。その本当の意味で一つになった社会とは、ダウン症という条件のもとにいる人びとが、そうでない人びとと、差別なく平等で現実的に交流できる社会のことだ。ティザードはここで医療経済学[14]を取り上げる。出生前診断にかかる費用と、死ぬまで支援するのにかかる費用を比べると、出生前診断にかかる費用のほうが安くつく。このような医療経済学は、ティザードによれば、「医療制度の不都合な現実」なのだと言う(Tizzard 2002：40)。しかしそれではまるで、ディケンズ[15]の小説の登場人物が語りだしたかのように聞こえてしまう。

スティグマ(社会から押しつけられる差別)

アーヴィング・ゴッフマンが、スティグマ(社会から押しつけられる差別)の

(14)医療制度を対象とする経済学。医師の数、保険、製薬などを経済学の手法で研究する。

(15)チャールズ・ディケンズ(1812-1870)ヴィクトリア朝時代のイギリスの作家。たとえば『クリスマス・キャロル』の主人公は冷酷で、エゴイスト、守銭奴である。

考え方を著したのは１９６０年代のことであった。その考え方のもと、彼は社会における「異常（アブノーマル）」について論じ、異常と「正常（ノーマル）」の相互関係について検討した。彼が指摘したのは、私たちが「異常」なものと取り結ぶ相互関係は、本来的にステレオタイプと分かちがたく結びついているということだ。ステレオタイプができあがってしまうと、スティグマを与えられたグループが「人間以下だ」とみなされるなんてことも、ありえてしまう。とくにダウン症のある人びとにとって、スティグマは甚だしくやっかいだ。独特の容貌があるからで（ダウン症のある子どもに整形手術をした両親もいたことを思い起こしておこう）、ダウン症があるということが明らかになった場合、その事実だけで「不安」が呼び起こされてしまう（Goffman 1990：66）。さらに加えて、ダウン症のある大人（成人）はうまく発話できない場合が多い。そのためコミュニケーションの仕方が違いを際立たせてしまう。この事実もまたスティグマの回避を難しくしている。

「異常」だとみられると、社会は一定の行動をその人に期待する。ゴッフマンはこれを次のように説明している。

スティグマを押された人に要求されているのは、自分の荷が重いとかあるいは彼がその荷を担っているので常人（われわれ）とは異なる種類の人間になってしまったといったようなところを、些《いささ》かも見せずに行動するということであり、同時に彼についてのスティグマという荷はさほど重くなく、彼と常人とはさほど異なってはいないという信憑を常人が痛み感じずに信じられるほどに常人から距離を保って身を持さなくてはならない、ということである。

(Goffman 1990 : 147, 石黒毅訳『改訂版　スティグマの社会学――烙印を押されたアイデンティティ』せりか書房、２００３年、２０４頁。一部訳者により改訳)

人びとは「異常性」をどのようにみるものだろうか。異質なものとの関係や相互作用がその見方に影響を与えるということもありえるだろうか。その場合、どのような影響だろうか。拒絶反応、「過度の受容」、困惑といった関係があるが、実際のところどうであろうか。ゴッフマンの著作はこうしたことを白日のもとにさらしてくれる（Goffman 1990）。その著作がつまびらかにするのは、人びとの驚きである。それはスティグマのある人に出会ったときにその人が実際には「普通の人でもある」ことを発見したときの、驚きにつぐ驚きである。

私は言いたい。ダウン症をめぐるスティグマは、今なお現実に存在している。しかもそれはステレオタイプに満ちている。ただゴフマンの著作によれば、スティグマは必ずしもそのままであり続けるわけでもない。スティグマの一例にホモセクシュアル（同性愛者）のグループも取り上げられるが、彼らは１９６０年代以降、以前と比べてはるかに社会のなかに統合されるようになり、スティグマのレベルもそれほどひどいものではなくなっている。

しかし、このスティグマというものは、インターネットに新たなはけ口を見いだしてしまっている。インターネットは本質的に視覚に訴えるものだ。ダウン症のある人びとは容易に餌食にされてしまう。フェイスブックに「ユーモラス」というグループがあるが、そのグループは、「ダウン（Downs）」や「知恵遅れ（retards）」をからかい暴力を振るう。この者たちは障がいのある人たちをユーチューブに投稿しエンターテイメントに仕立て上げるというやり口で暴行するのである。「すでに一般に知られているように、こうしたサイトはバーチャルリアリティ（仮想現実）の見世物小屋として使われている。障がいのある人たちはその意思に反して、この見世物小屋のスターにされているのである」（Quarmby 2010）。

つい最近のことだが、グーグルの3人の重役が有罪になった。プライバシーの侵害がその理由だ。何度も要請があったにもかかわらず、ダウン症のある少年が蹴られ殴られる様子を撮影した動画の削除に応じなかったのである。イタリアでの話だ。「この動画は2006年9月にアップされた。一気に最大視聴動画の地位をゲットし、最終的に削除されるまでの間、1位の座を2カ月もキープしたのである」（Pisa 2010）。

インターネットはただのコミュニケーション・ツールだ。もちろん影響力は大きい。障がい者に押されたスティグマをさらに際立たせるのに役立ってしまった。ダウン症のある人びとは人間ではない何物かとして扱ってもいいんだと考えたい人たちにとって、インターネットは実に便利な道具となった。障がい者を差別する動画をインターネットにアップして、差別する言葉を広めていく、そんな行いに対処していく方法など存在しない。仮にしっかりと対処するシステムを築こうとすれば、正当な表現の自由を奪ってしまいかねない。偏見とスティグマに取り組むには、親しみある社会へのインクルージョン（包摂）しかない。これが唯一の方法だ。インターネットはそのためのパワフルな手段にもなりうる。人びとを結びつけ、人びとに情報を与えるのである。最近ウェビー賞[16]を受賞した『特別な人びと（The Specials）』というシリーズ作品などがまさにそうだ。学習障がいのある人びとの自立した生活が、このシリーズ作品で描かれている。

(16) インターネットのウェブサイトに贈られる国際的な賞。

第4章

国家と個人の関係

20世紀最後の四半世紀以降、本来個人が自分の責任で決定すべき問題に政治が介入することの是非が議論されてきた。1960年代や1970年代には人種差別撤廃運動や女性解放運動が「個人的なことは政治的なことである[1]」と主張していた。当初この言葉は、「個人の生活は政治に大きく影響されているのだから、政治を変えていかねばならないのだ」という意味で用いられてきたが、その後「個人は政治的に正しく行動しなければならない[2]」という支配する側が用いる言葉へと変質していった。背景には、エイズや児童に対する性的虐待、若者の凶悪犯罪などによって社会不安が拡大していることがある。こうしたことが、人間の能力に対する不信感を煽り、個人が決定すべき行動に対する信頼を壊している。

(1) The personal is political. 1970年代以降のアメリカにおけるフェミニズム運動や学生運動のスローガン。出典は不明であるが、キャロル・ハニッシュのエッセイがもとになったと言われることが多い。育児・家事の分担といった問題はプライベートな家庭内の領域のことで、政治が介入すべその結果、国家がかつてないほど個人が決定すべきことや家族のあり方に口を出す事態が生まれている。

実際には、たとえばイギリスにおける国民ＩＤカードが廃止されたり、児童保護をめぐる国家の役割に関する議論(3)が活発になったように、現状の国家の介入はそれほど強いものではない。しかし「国家が一切家庭生活に介入しない時代」に入ったとも言えない。ただ、この数年で、政治が「個人が決定すべきこと」に介入することを嫌うようになりつつあるのもたしかだ。

今年の初めにダウン症のある胎児を中絶したアトランタの児童心理学者は怒っていた。原因は「もし障がいのある赤ちゃんはいらないと思うなら、親になろうとしないほうがいい」と周囲から言われたことだった。

「『なにそれ⁉』って感じだったな」と、その35歳の心理学者は語る。「私は昔から人工中絶をするかどうか選択できることには賛成だったんだけど、今じゃもう徹底的に賛成よ。「どうしてあなたに言われたからって、ダウン症のある赤ちゃんを産まなきゃいけなくなるの？」(Harmon 2004)

きではないという当時の風潮についての反論として記された。

(2)たとえばポーラ・ラストによれば、政治と個人は切り離せないので、公的領域における行動と私的領域の行動は一貫しなければならない。この言葉は、その後、時に「フェミニストは政治的に正しく行動しなければならない」という規範とみなされることにもなった。

(3)１９８７年、性的虐待を理由に多数の子どもたちが親から強制的に隔離されたクリーブランド事件が起き、児童保護機関の強権的介入に対この話は、国家と個人の関係を考える際に良いヒントを与えてくれる。というのも、この女性は、個人の選択に政治が関与することに反対して、「選択に賛成」派の立場をとっている（そうした意見自体はフェミニスト運動の影響があるようだが）とも読めるからだ。すでに論じてきたように、人びとが「選択する」理由を無視することは、ダウン症をめぐる諸問題に対して真剣に声をあげないことにつながるし、無視することで女性の選択の権利を損なうことにもなるので、それは避けなくてはならない。

「ポリティカル・コレクトネス」(4)について論じる人たちは、女性解放をめぐる言葉と立場を取り入れてきたことで実際の自由が達成されたのだと信じている。その結果、社会が本当に変わる際には言葉が決定的に重要な役割を果たすと私たちは信じるようになった。

たとえば2008年にダウン症の出生率が上昇しているという数値が出たときに、マスコミはこれを、ダウン症に対する社会の受け入れが進んでいることの証拠として報じた。実際のところ、この報道は不正確なものだった。現実には昔よ

する批判が高まった。

(4)「政治的な正しさ」。特定の集団を非難したり、排除したりしないような思想や考え方。

り多くの中絶が行われており、その割合も上昇していたはずなのだ。しかし私たちは言葉に影響されて以前よりも賢くなったと信じているから、多くの中絶が行われている事実を認めることはできなかった。これらの数値が正しく報道されなかったことは残念だ。なぜなら出生前診断の是非や、ダウン症のある人を社会で受け入れていくことについて社会全体で議論することのほうが、無知なまま「より寛容な社会になった」と自画自賛する態度よりもはるかに有益であったはずだからである。

ダウン症のある子を産み育てるという「リスク」

１９６０年代と80年代に生じた、イデオロギーの混乱(5)がもたらした、国家が個人の選択に介入すべきか否かという議論は、世界の価値観を完全にひっくり返した。政治エリートの口から大衆運動的スローガン(6)が飛びだし、運動は各派に分散していった。

21世紀になると、「先進的」で自由な西欧諸国は、冷戦時代の「世界大戦の恐怖」によってではなく、すぐ近くに潜むテロリストや、すぐ隣の住民ヅラした小

(5) 60年代は、革命を目指さない、資本主義経済を前提にした社会主義思想である社会民主主義が台頭し、労働者のための運動を支えた前衛がエリートになった。80年代は新自由主義の台頭によって、やはり労働者の権利を守るべき運動が、本来個人主義を支える思想である「自助努力」をとりいれて、「第三の道」として掲げてエリート化した。

(6) エリートが「大衆のことを一番わかっているのだ。私は大衆の代表だ」と演説するようになった。現代であれば「アメリカ・ファースト」や「都民ファース

児性愛者の恐怖に脅かされ、現代社会に生きる私たちはみな孤立している。

　リスクや不安の文化(7)が台頭していると言われている。「先の見えない状況に直面して不安感が増大しつつあり、それに対応して人びとは目の前にリスクが迫っていることを認識するようになってきた」(Furedi 2004：81)のだ。その例はレイプ、家庭内暴力、いじめ、うつ等、多岐にわたる。こうした不安がさらなる個人の孤立、抗うつ剤への依存、近しい関係や信頼の不在をもたらす傾向にある。

　ただでさえ、物事を変革したり人間関係や日々の生活をうまくやりくりしようとする人間の能力を信頼できず、もがき苦しんでいるので、ダウン症のある子どもをもつことも「リスク」と考えられ、しかもそのリスクは大きいと考えられてしまう。そうなると個人のリスクが雪崩のように——子どもをめぐって離婚したり、騙されたり、子どもの面倒をみることができなくなったり——迫ってくるようになる。

　私たちが個人の生活に過度に固執するようになってしまうと、政治や社会の問題が見えなくなってきてしまう。サニー・テイラーは、障がいも個人個人でいろいろで、それぞれが個別に悲劇に「耐えている」とみられているから、集まって

ト」にあたるだろう。

(7) 社会学において、1960年代以降、西欧や先進諸国で、たとえばコンピュータ社会となり、電源が切れるとたちまち何もできなくなってしまうような脆弱性を意味する語として用いられた。

「権利運動」を発展させることが難しいと述べる。したがってテイラーは、「障がいは政治の問題であり、個人の問題ではない」と主張する（Taylor 2004 : 91）。

クルックシャンクは１９２０年代に、『私たちのなかの蒙古症（Mongols in our Midst）』という本を書いた。ご想像のとおり、この本はその時代背景を反映していた。ダーウィンの進化論を曲解したもので、「モンゴロイド」には知的障がいがあり、あるいは常に監視しておかなければならない「危険な悪い奴」として、「我々のなかに存在する」と主張していたのである。後にギブソンはこれを明々白々なるナンセンスだとした上で、以下のように述べた。

ダウン症の起源に関する陰謀とも思える空想と、それを支持するように映る妄想ばかりだ。クルックシャンクは、ダウン症は生来祖先に原因がある、いわば「先祖返り」の遺伝的退行現象だという。そしてよりひどいことには、より「進歩した」人間だけがこれらの先祖返り現象を免れるというのだ。（Gibson 1978 : 71）

今日ダウン症に対する非人間的な見方はより狡猾《こうかつ》になっている。これは部分的には、私たちが（多くの場合、経済や財政の面であるが）どの点に人間の価値を見いだすかに左右される。従来、社会におけるある人間の価値は、その人たちが経済的にどの程度生産的であるかどうかによった。だから、たいていダウン症のある人は雇用を否定された。どうあがいても解決できない状態だ。

今日では昔ほどあからさまではないものの、ダウン症のある人たちが、「生産性」で評価されると、他の人びとよりも価値が低いと見なされがちである。私たちは、こうした基準をずっと昔から教えられていて、それに従って人生の価値を決めている。ダウン症のある人生は生きる価値のない人生だと見なしてきた。

また、経済的価値観と同じように、しばしば「自立」という概念が存在している。つまり、大多数のダウン症のある人は、大人になると最小限のサポートで自立しなければならない。そうできない人であっても、与えられたサポートだけで生活水準を満たせないようなことがあってはならない。サニー・テイラーは「障がいのある人たちは……自立をそれぞれ異なる形で定義している。自分の生活をコントロールできるという場合もあれば、生活に関する決定は自分で下すというい状態(8)だ。

(8) 本文ではcatch22という表現を使っている。この題名の小説に由来する「ジレンマ」「矛盾」を指す。

う場合もあり、生活のすべてを独力で、あるいは介助なしで一から全部成し遂げなければならないと見なしているのではない」と記している（Taylor 2004 : 38）。これは「自立」の適切な定義であるように私には思われる。

施設を出た後、支援を必要とする多くの成人は、最も基本的な人間の生活についてでも自分で決定を下せることを、本当にありがたいと考えていることをわかってほしい。つまり、いつ起きるか、いつベッドに行くか、何をいつ食べるかなどの選択の権利を一度でも否定されると、決定を自分で下せることは本当に素晴らしいと感じられるようになる。自宅で自立して暮らしているダウン症のある男性は、この点を力を込めて言う。「朝ごはんはスープだ。これこそが私が自立と呼ぶものなんだ！」（Newston 2004 : 14）

「人間らしさ」の〝超えてはならない一線〟

「人間らしさ」について最近耳にする議論はたいてい生殖の分野に遺伝学的に介入する技術をめぐるものであった。しかし、そこからすぐに読者に関係する問題が生まれてくる。エコノミスト誌の社説は、次のようなジレンマを取り上げている。

子どもたちが遺伝性のものが多いと言われているパーキンソン病で苦しまないように望む親は多いだろう。しかし、それが行きすぎて親が同性愛のような特性[9]を根絶したり、運動能力、長身、高いＩＱといった特性について良い遺伝子を積極的に選ぶようになったりしたら、薄気味悪い世の中になるだけだ。(Editorial 2001)

フランシス・フクヤマは、『人間の終わり（*Our Posthuman Future*）』という著書のなかで、ニーチェを巧みに引用して、「人間らしさの超えてはならない一線」という議論を展開して、遺伝子工学の進歩にも超えてはならない一線があることを主張している。彼によれば、私たちに与えられた人間のいのち、能力、外見は、他の動物にはないほど豊かであるが、何が人間らしさなのかを定義し直そうとして、ひとたびこの「人間らしさ」という一線をうやむやにしてしまうと、私たち一人ひとりにとって深刻な結果が生じる。フクヤマは次のように述べている。

(9) 同性愛にも遺伝子が関係しているという議論がある。

フリードリヒ・ニーチェは、近代自然科学の重要性と、人間の尊厳という概念の放棄について、誰よりも深く理解していた。一方で、もはや人間全体をはっきりと超えてはならない一線で囲むことができないならば、階層社会へ戻るしかないだろうと考えたのは、慧眼であったといえる。(Fukuyama 2002：155, フランシス・フクヤマ、鈴木淑美訳『人間の終わり——バイオテクノロジーはなぜ危険か』ダイヤモンド社、2002年、180—181頁を一部改変)

この「超えてはならない一線」をもっとはっきりさせようという試みはこれまでにもなされてきた。第二次世界大戦後、国際的な合意文書は、誰であっても、すべての人に等しく与えられる基本的権利と自由とを宣言しようとしてきた。それらは、国家が個人をどのように扱わなければならないかに関する文書である。すべての人は平等な価値をもち、自ら決定を下す権利をもち、さらに平等、尊厳、そして敬意をもって扱われるべきであって、国家はそこを踏み越えてはならないのである。

1948年の世界人権宣言に続き、1950年には欧州人権条約が採択された。その後最近になって障がい者の権利に関する条約も作られた。イギリスはこの条約に2007年に調印し、2009年6月8日に批准した。アメリカは2009年7月30日に調印したが、まだ批准はしていない[10]。

この条約には多くの興味深い点があるが、締約国による「解釈宣言と留保[11]」もその一つだ。たとえばオーストラリアにおいて、移民が医療費や教育費の面でオーストラリア社会に負担となるだろうという考えに基づいて移民を排除していることは、障がい者団体の間では古くから知られている。実際に2006年には、この措置によってあるドイツ人医師が移住を拒否された。彼は地方の医師不足を助けるためにオーストラリアに移住しようとしていたが、彼にはダウン症のある息子がいた。一家は最終的に移民省大臣により特例で入国を認められたが、なお、「オーストラリアは……条約を次のように理解している。すなわち、同条約は、国籍を保持していない国に入国し、そこにとどまる権利を保障まではしないし、オーストラリアに入国し、とどまることを希望する外国人に対して同国が課

(10) なお、日本は2014年1月に批准した。障害者権利条約では、障がい者の人権や基本的自由の完全かつ平等な享有を促進し、保護し、及び確保すること、これらの実現のための措置を講じること等を協定した。批准に向けて、わが国では2009年から国内法の整備を進め、障害者基本法改正(2011年)、総合支援法(2012年)、差別解消法、改正障害者雇用促進法(2013年)が成立した。

(11) 条約は一般的に締結した国が独自で一定の解釈ができたり、一部を留保することができること。

す健康上の要件にも何ら影響を及ぼさない。オーストラリアでは、これらの要件は、合法的で、客観的で、合理的な基準に基づいている」（Foley 2008）。

つまり、いまだにオーストラリアは、ダウン症のある人びとを決まり事のように排除しているのだ。

イギリスはまた次のように解釈宣言を行っている。

「イギリス政府は、排除なくすべてを受け入れるようなシステムを展開し続けるように尽力している。障がいのある子どもをもつ親は、これまで以上に普通学校の教員と会うことができるし、彼らは、障がいのある子どもたちの要求に応じる能力を備えている」（United Nations）。この宣言が今後数年間完全に遵守されるかどうか注意深く見守りたい[12]。

アメリカの場合、先述のようにバラク・オバマが２００９年７月にこの条約に調印した。ダウン症のある人びとにとっては重要なことだが、米国はすでに「胎児・新生児の障がい診断に関する情報提供法（Prenatally and Postnatally Diagnosed Conditions Awareness Act）」を成立させており、出生前に障がいの診断を受けた人は、その症状について十分な情報の提供を受け、支援団体や地元の

(12)イギリス政府は２０１３年７月に六つのテーマ（教育、雇用、所得、健康と福祉、選択と、それを自分でコントロールできること、共同社会へのインクルージョン）についてのレポートを提出している。そこでは、ロンドン・パラリンピックへの取り組みを評価するほか、障がい者自身による（スポーツ、文化等の）団体活動を一層促進していくことがうたわれた。しかし、２０１７年２月３日のガーディアン紙は、経済不況と緊縮政策のなかでこうした取り組みが停滞していると批判している。

ネットワークだけでなく、支援サービスに関する連絡先情報、ダウン症やその他の胎児・新生児障がいに特化した情報ホットライン、資料センターや情報センター、国・地方レベルの相互支援グループやその他の教育・支援プログラムなどと連絡をとれるようにすることが義務付けられている(Buckly 2008)。

こののちアメリカで親たちが経験したことは、他の西欧諸国の親の経験ととても似ていた。つまり親に提供される情報はおおむね前向きなものではない(Skotko 2005)。この法律が成立して2年も経っておらず、今後どうなるかはわからないが、法律が制定されたことは、ダウン症のある人びとの支援や生活の改善に向かう契機になるのであれば、一歩前進である。

では、私たちの超えてはならない一線は、どのくらい明らかなのか?

1948年の世界人権宣言のなかに「平等」の原則はすべて盛り込まれている。その宣言からすでに58年の時が過ぎたが、障がい者団体はまだまだ障がいを対象とする新しい宣言を作る必要があると感じている。このことは重要なことである。結局共生(インクルージョン)、尊厳、平等はまだ達成されていないのである。世界のなかで最も教育水準が高く、先進的な国であっても、基本的な権利を支える新しい法律が必要とされている。

その際、鍵となっているのは「人間は実際のところ平等ではなく、私たちは異なる能力や肉体的特性をもって生まれてくる」という誤った考えをどうするかということだ。この考えは致命的だ。具体的には、身体的に背が高かったり低かったり、速く走れたり、人よりも賢いとか創造的だといった具合だ。もちろんそうした「人より○○」という個性は認められるべきだ。しかし、「人間であれば当然、皆平等な機会が与えられるべきだ」ということは、実際のところ私たちが信じているほどには日常的に認められていない。

ロシア出身の遺伝学者であるテオドシウス・ドブジャンスキーは、１９７３年にサイコロジー・トゥデイ（*Psychology Today*）誌に載せた論文のなかで、「他人と違うことは欠点ではない」と論じた。彼が目の当たりにしてきたのは、〝有名な科学者〟でさえもいまだに「生物学が人間は生まれつき不平等であることを実証している」という考えにしがみついていることだ。ある刺激的な論文のなかで彼は、本書（『ダウン症をめぐる政治』）全体の中核となる論点にもつながる、非常に重要な主張をしている。それは、機会が平等であることと、人びとの「天から与えられた才能が平等だ」ということとはまったくもって別物で、機会の平等が保障されている社会こそが、人間の自己実現にとって最も望ましいということだ（Dobzhansky 1995：631）。

私たちは皆それぞれ異なる遺伝子をもっているが、決して遺伝子が私たちの価値を決定づけるわけではない。高いＩＱをもつ人でも、意地が悪く、わがままで、怠惰で、だらしないかもしれないし、逆にＩＱが低い人でも、親切で、他人の役に立ち、真面目で、責任感があるかもしれない（Dobzhansky 1995：632）。彼はＩＱを取り上げたが、ＩＱという基準は文化的な影響を強く受けやすく、偏見から免れないと主張している。重要な点は、社会が重視する曖昧な「生まれつきの特徴」が何であれ、それは何の尺度にもならないということだ。

すでに論じたが、近年、機会の平等という概念が「公平性」という言葉に置き換えられてしまう危険性がある[13]（'*Against Fairness*', 2010）。富や階級や教育に根ざしている社会においては、機会はすべての人に平等であるわけではない。したがって、時には「生まれつきの特徴」で個人の可能性がかなり左右されることも

(13) 本書89－90頁を参照。

起こりうるし、社会や経済における階層の違いだけで「他人と違う」と決めつけられる可能性もあるかもしれない。

こうした今の社会にとっての課題は、「他人と違うことは欠点ではない」というドブジャンスキーの論文のタイトル、言い換えれば「違いを受け入れるべきである」ということを、実質的に評価できるようになることである。これは論争や対立を引き起こすようなものではないし、もちろん共同体を分裂に導くように恣意的に用いられてはならない。むしろ人間としての経験に基づいて共通点を認めるべきだ。私たちは皆違うし、私たちの遺伝子も経験も違うので、すべての人の才能や違いを認識した上で評価できる社会を作ることができれば、本当の意味で先進的で、進歩的な社会となるのだろう。地位や富や権力は無視し、一人ひとりができることを評価し、そこに注目すべきなのだ。

第5章

さて、どうすべきだろうか

本書の言いたいところは、すくなくともその大枠については、納得してもらえたと思う。ダウン症のある人びとは、社会生活のほとんどの場面で、かなり不公平な扱いを受けている。もちろん、それはなにも、ダウン症にかぎったことではない。どんな症候群でもありえることだし、どんな社会にもみられることだ。スティグマ、排除、非人間的な仕打ちの事例は、それこそ無数にある。その上での話だが、インクルーシブ教育の拡張が、一つのスタートラインになるかもしれない。インクルーシブ教育が何らかの突破口になるなんてことを、本当に信じているわけではない。インクルーシブ教育について考えることが、議論を開拓していくことにつながるだろうと思うのである。それは社会のすべての人びととどのように接していくべきかを考える方法論の議論にもなるだろう。

社会への信頼に満ちた世界へ戻ろうという議論は、これまでにも数多く交わされてきた。アメリカ政府もイギリス政府も、一応は感じているようだが、世界をますます不平等なものにしていく資本主義のもとでは、人びとの健康に配慮した国作りなど、できるわけがない。こうした見方は、直近の危機のなかで目立ってきたものの、第二次世界大戦以来の歴史の進歩の一環とみるべきである。ウィルキンソンとピケットの著した『平等社会（*The Spirit Level*）』という書物が、メディアからも政治家からも、その政治的な色とは関係なく、賞賛されている。この書物は、豊かな人びとと貧しい人びとの間の距離が縮まることこそ賛美されるべきであり、それこそが人びとの寿命を延ばし、より良い教育を実現し、犯罪を減らしていくのだと主張する。

自分たちはどんな社会を望んでいるのか。これまで以上に互いに支え合い信頼できる社会をどれほど渇望しているのか。私たちが議論を闘わせようとし始めるちょうどそのときが、社会の側も考え始める格好のタイミングとなる。社会とはそもそも何であろうか。社会が人間的であるとはいったい何を意味するのだろうか。

過去100年にもわたって、ダウン症のある人びとは虐待され、優生学的に排除され、教育の機会を奪われ、医療を受けることができず、したがって人権は無視され、言葉を受け止めてくれる人もいなかった。ただ、事態は改善した。今こそ好機だと思う。これまで以上にアクティブに行動し、さらにその先へと進み、私たちが本当にプライドをもって暮らせる社会を、引き寄せていきたい。それは、たまたま違ったニーズをもちあわせた人びとに、どのように向き合っていくべきかをじっくりと考え抜き、合理的に決断していく社会である。

提案1　一般市民が決定しない保健政策を受け入れないこと

現在の健康診断には、ダウン症がある人びとを住民から排除しようとする明白な意図がある。それが社会を分断させる。本当の意味で生活の質を上げることにはならず、健康を誇張して問題視する見方ができあがってしまっている。

私たちは今、出生前診断に直面している。他の多くの染色体異常や遺伝子異常を調べ上げることも可能だ。今こそ真にオープンな議論が必要である。異常とは、異常のある人びとにとって、いったい何を意味するのだろうか。

ダウン症のある人びとは、たえずステレオタイプとスティグマにさらされてきた。だからこそ、印象論で語ってはならない。社会に生きる一人ひとりに、情報を伝えていかなくてはいけない。ダウン症のある人びとが他のすべての人びとと同じように、それぞれに違いのある一人ひとりの人間として、人間らしく、存在できるようにしなくてはならない。

ただし、中絶を選択する女性の権利が脅かされるようなことだけは、絶対に許してはならない。

提案2　インクルーシブ教育へ力を傾注していく

教育は、子どもたちの学習をサポートするために変わりゆくものでなければならない。ダウン症のある子どもたちには、視聴覚教材を利用した特別な学習法が進められてきたが、それは適切に理解され、きちんと調整されれば、同じような違いのある子どもたちにとって、多くの場合、恩恵となる。

学校は、対象を明確にして教育目標を掲げたが、専門家にサポートしてもらうことができなかった。そのため、せっかく1970年代に芽吹き始めたインクルーシブ教育の考え方は、押しつぶされてしまった。

インクルーシブ教育は、ダウン症のある子どもたちの権利でなければならない。学校が社会を設計するツールになってはならないとする認識は、たしかに一般的なものにはなっているが、学校にダウン症のある子どもたちがいないとなれば、社会に広範な排除をもたらしてしまうだろう。そのようなことは許されてはならない。アメリカの学校は白人と黒人の分離を続けていくべきだったなどと主張するのは適切ではない。

障がいのある人びとを再び隔離しようなどといういかなる試みにも、反対しなければならない。積極的な差別是正政策（アファーマティブ・アクション）を進め、学校教育のすべての課程で、ダウン症のある子どもたちをインクルーシブ教育に受け入れていくことを実現していかなくてはいけない。

提案3　違いを欠点にはしない

以上の提案1と2を通じて、社会が全体として障がいへの思い込みにチャレンジしていくという形になれば、障がいに焼き付けられたスティグマのある部分は、払拭していくことができるように思う。もちろん、職場でインクルージョン（包摂）を進め、ステレオタイプを克服していくのには時間がかかる。けれども、それは社会が一体となって自覚的に開始していくべき一つの旅路なのである。そのプロセスのなかでこそ、私たちは真に人間となることができる。真に人間となることに価値を見いだすことができるようになる。個人として社会としていったい何ができるのか、何を達成しうるのか。これを自覚することこそ、人間としての進歩の自覚につながるのである。

20世紀の歴史は、人間が非人間化され排除されてしまう事例で満ちあふれている。えせ科学にすぎない知能テストが実施され、障がいの根絶が目指され、施設への隔離が進められた。21世紀の社会には、新たにポジティブな合意が打ち立てられる可能性がある。そのより良き実現のためにも、不信感を払拭しなければならない。相違や不安は（どのようなことであっても）不信感をもたらしてしまう。それを拒否するのである。そのためにも、大いなる理念と達成による新たなる啓発が必要になるであろう。

訳者あとがき……本書をめぐる思いとその意義について……

本書を訳者の一人として読み直しながら思いだした映画がある。それは、近未来社会を描く映画『ガタカ（GATTACA）[1]』である。このタイトルは、DNA（デオキシリボ核酸）の二重らせん構造[2]を構成する塩基配列を意味していることから来ている。この訳者あとがきの部分では、映画のネタバレに注意しながら、本書の理解と深く関わる点についてだけ若干ふれておきたい。

映画『ガタカ』が描く舞台は、DNA操作（＝予め両親のもつ最も優秀な遺伝子を使って人工的にデザインした受精卵を子宮に戻すこと）によって誕生した人間は、知的体力に優れた「適正者」とよばれる。一方、自然妊娠で生まれた人間は「不適正者」として差別されるディストピア（dystopia）な社会だ。具体的に

(1) 監督：アンドリュー・ニコル　配給：コロンビア映画　公開：1997年。

(2) 1953年にJ・ワトソン&F・クリックにより提唱されたDNAの遺伝情報の仕組みに塩基配列が担っていることを解明して分子生物学の発展に強い影響をあたえたことによりノーベル生理・医学賞（1962年）が与えられた。

は、出生時に採血による遺伝子診断によって、知能指数、将来の罹患する病気や、寿命（生存年数）までもが予測診断されてしまう。そして『ガタカ』の世界では、優秀な遺伝子情報をもつ「適正者」のみが自分の夢や希望を叶えることができる。だが、「不適正者」にはそれが許されない。主人公ヴィンセントは、「不適正者」であるが揺るぎない夢があった。それは「適正者」だけを対象とする『ガタカ』と呼ばれる宇宙飛行士養成所に入って訓練を受け、宇宙に向けて飛び立つことだ。しかし、彼は、『ガタカ』の清掃係の仕事には就けたが、訓練生にはなれない。なぜなら、『ガタカ』では、「適正者」であることを毎日指先から一滴採血され、ときには採尿されてＤＮＡ判定（生体認証）を受けなければならないからだ。しかし、そんな彼が自分の夢を叶える方法を密かに手に入れることができた。それは……（以下省略：後は、映画をぜひ観賞してほしい）。

本書を読まれた方は、「ダウン症」をめぐる視点をとおして見えてくる現代社会の行方がまさに『ガタカ』が描く世界観とあまりにも酷似していることに衝撃をうけることだろう。そして、それにどう立ち向かうかについても。

もう気づかれただろう。『ガタカ』が描く世界観の背景には、『種の起源』から始まる『進化論』で有名なC・ダーウィン（1809-1882）の従兄弟であるF・ゴルトン（1822-1911）が創始者として提唱（１８８３年）した『優生学』（＝人類の遺伝的素質を向上させ、劣悪な遺伝素質の排除を目的とした学問）に基づく優生思想の政治的性格がもたらす悲劇の連鎖を予感することができたのではないだろうか。

つまり「歴史から学ぶ」ならば、読者は、今から戦後70年以上前の第二次世界大戦中、ナチスドイツが障害者に行った事実を思いだしてほしい。それは、主に重度の身体障害者・知的障害者・結核患者・精神障害者を対象とした「Ｔ４計画（障害者「安楽死」措置）」のことである。この「Ｔ４計画」は、ヒトラー政権下のもと医師達の目で「生きるに値しない」と判断（診断と言えない断定）された障害者の抹殺計画だった。戦時下という状況が、紛れも無い狂気の沙汰を生みだしたのだった。その後、Ｔ４計画での経験から学んだ方法が、反ユダヤ主義を掲げたナチスによって、ドイツ民族の血を汚すとしてユダヤ人のホロコースト(holocaust：大虐殺）へとつながっていく悲劇をもたらしたのである。

またさらに、今の日本に視点を向けたなら現在も裁判中の衝撃的な事件を思いだす。それは、2016年7月26日未明に発生した相模原市の障害者施設「やまゆり園」において元職員による「障害者殺傷事件」のことだ。犯人は、19名もの入所中の重度障害者を選別し殺害した。その理由が、「日本という社会や家族、職員の日々の負担を考えたとき、重度障害者は、生きるに値しない存在であるとみなして実行した」との報道もあったことは記憶に新しい。

そして、2018年1月に宮城県の60代女性（障害者）が全国で初めて（旧）優生保護法（1948-1996）による「強制不妊手術」を受けさせられたことに関して国家賠償請求訴訟を起こした。国側は、（旧）優生保護法改正後の「母体保護法」となった後、現在までの22年間、国として「当事は適法的な処置であった」として謝罪やその実態調査を放置してきたのである。しかし、障害当事者からの提訴を受けて厚生労働省も当時の実態を調査するとの見解を示した。それを契機に、メディアも動き始め次第に当時の実態が明らかになりつつある。旧厚生省統計から強制不妊手術を巡る状況を算出すると「手術人数は、1万6475名。個人資料がある人数は、4083名」（東京新聞4月22日朝刊）、障害のある我が子に対する強制不妊手術をためらう保護者を医師が説得して同意をとりつけていた事実も報道されている。（旧）優生保護法の第1条に「この法律は、優生学上の見地から不良な子孫の出生を防止するとともに、母性の生命健康を保護することを目的とする。」第3条「医師の認定による優生手術」の対象として「本人もしくは配偶者が遺伝性精神病質、遺伝性疾患若しくは遺伝性奇形を有し、又は配偶者が精神病若しくは精神薄弱を有しているもの。（尚、以下略）」となっていたのである。この（旧）優生保護法については障害当事者が、1994年のカイロ国際人口開発会議において、日本の優生保護法の実態を世界に告発したことを発端として、国際的な批判を受けたことから、国内での改正議論も活発化し1996年6月に「優生思想部分」を削除して現在の『母体保護法』へと改正された経緯がある。

そして、2012年8月の読売新聞に「妊婦血液でダウン症診断、国内5施設、精度99％、来月にも」という報道がなされた。この報道により、当時、多くの産科医療や遺伝カウンセリングに関わる保健医療関係者に、「出生前診断」の問題をめぐる衝撃が走った。それまでは、出生の赤ちゃんの遺伝子・染色体情報を得るためには、流産のリスクもありながら羊水検査や絨毛検査が必要だった。そのため、出生前胎児の遺伝子検査そのものは慎重に行われていた。

その意味では流産リスクのない母体からの採血による「無侵襲的胎児遺伝学的検査」(non-invasive prenatal test：略・ＮＩＰＴ)は、本当に福音なのか？[3] 本書のなかでも議論されている「出生前診断」をめぐる諸問題は、「社会の側」と「私たち」の「内なる優生思想」の存在と対峙する時代を誰もが迎えているのである。

本書の意義について

最後に、本書のタイトルはとても意味深長だ。そして本書を、医学の解剖学にたとえるならば、「ダウン症」という切れ味の鋭いメスを用いて、国家におけるさまざまな保健政策・教育政策・当事者家族問題を腑分けしながら抉りだす。そして、そこに巣食う病巣(偏見・差別・そして社会的排除)について具体的に考えることができる。そして、本書の最後には、国家と個人の関係についてまで論じ切る、まさに『ダウン症をめぐる政治』と呼べる内容が盛り込まれている。

おそらく、本書は、国家・社会を構成するすべての人間にとって、向き合うべ

(3) この問題については、山中美智子・玉井真理子・坂井律子編著(聖路加国際病院遺伝診療部企画編集協力)『出生前診断　受ける受けない誰が決めるの？――遺伝相談の歴史に学ぶ』生活書院、２０１７年に詳しい。

き「ある種の痛み」を感じさせる。その「痛み」は、私たちの家族、私たちのコミュニティ、私たちの社会と国家の現在と未来の姿を問うものなのだ。まさに、本書を読んで感じる「痛み」は、政治（politics）的な問題そのものであることに気づかせてくれるだろう。

訳者の一人として本書の意義について伝えたいことがある。それは、序章の最後にある次の文章のことだ。

「誰かを社会から排除したら、そのマイナスは社会のすべての人びとに及んでしまう。もちろんインクルージョン（包摂）は難しい。しかし、私たちが人間の可能性を引きだすような社会を作り上げることができるとすれば、そのインクルージョン（包摂）こそが絶対に不可欠なのである」（本書26ページ）

ここで、再度確認したい。本書の現代的意義を要約するならば、「誰もが排除（exclusion）されることのない包摂（inclusion）され、多様性（互いの違い）を受け入れることのできる社会の実現」は、「保健・医療・福祉・教育」という国民の生活問題を扱う「政治的問題」なのだと。

ぜひ、本書が今の社会のなかで「生きづらさ」を感じる多くの人たちの手元に届けられ、残念な選挙公約のような儚《はかな》い「夢」ではなく、自分自身の人生を生き抜く「希望の灯火《ともしび》」となることを願ってやまない。


（文責：結城　俊哉）

障がいのある人と社会

それはある冬の寒い日、地方の障害児施設での出来事だった。「こんにちは。ごめんください」と玄関で数回声をかけた。しかし職員の方は忙しかったのであろう、どなたも出てこなかった。

とその時、一人のメガネをかけた色の白い男の子がトコトコと部屋のなかから出てきた。そして私の手をギュッと握ってにっこりとほほ笑んだ。「こんにちは」と声をかけると、その優しいまなざしで再度ギュッと手を握り「こんにちは。いらっしゃい」と意思表示してくれた。

今から約2年前の出来事である。その日私は社会福祉の実習巡回で数か所回り、心身共に疲れ果てていた。精神的にも落ち込んでいた私の心は、ダウン症のある一人の男の子との出逢いで癒され、一気に元気になり帰路に着いたのを今でも鮮明に覚えている。

近年アメリカでは、あるテレビ番組が大ヒットした。〝Born This Way〟(4)という番組である。

それはダウン症のあるさまざまな人種の男女7人の日常の生活を放映したものである。日々の日常生活に加え、恋愛等、いろいろな悩みも表現されたもので、2015年に放映開始後、視聴率が急上昇した。そしてついに2016年にはテレビのアカデミー賞と言われているエミー賞を受賞した。そのなかには、日本人の母親とオーストラリア人の父親をもつエレナ(英玲奈)・アッシュモアさんも出演している。エレナさんは現在ロサンジェルスのグループホームで両親とは離れて生活している。また国連にも行き講演をしている。

今年の3月、エレナさんの母親やその他の母親の方たちにインタビューをする

(4)「Born This Way」に関する情報は以下のとおりである。
http://www.aetv.com/shows/born-this-way

機会を得た(5)。そして日本社会とのサービスや価値観の相違について話を聴くことができた。米国・カリフォルニア州ではランターマン法(6)という知的障害・発達障害の方々のための法律が展開されている。そこでは障害のない人と障害のある人との相違は環境ゆえに生じ、その〝差〟をサービスで補完するという視点である。それは必ずしも障害に限らない。また近年、英語ではpeople with disabilityではなくpeople with special needsという表現がよく見受けられる。「障害のある人」ではなく「特別なニーズをもった人」という表現である。つまり特別なニーズを社会との関連性のなかで多数派との〝差〟として位置付け、サービスで補完していこう、という考え方と言えよう。

現在の日本社会では、依然として障害のある人々に対する差別や偏見には強いものが残っているかもしれない。しかしながら、今この時、飛行機でわずか10時間移動した海を挟んだ同じ地球上では、ダウン症のある人びとがテレビ番組の主人公になり大ヒットするという社会が存在しているのである。社会の受け入れる視点が、そして価値観が変わることにより変化するのである。

最後に、本書『ダウン症をめぐる政治』の翻訳プロジェクトの意義について触

(5)本インタビューは、科学研究費基盤研究(c)「障害者虐待に関する国際研究～日本・アメリカ・フィンランドの比較～」(課題番号15K04009代表研究者 増田公香)の一部として実施した。ご協力いただきました手をつなぐ親の会 JSPACC (Japanese Speaking Parents Association of Children with Challenges) の皆様にはこの場を借りて深く感謝申し上げます。

(6)ランターマン法(正式名称はLanterman Developmental Disabilities Act)は、知的障害・発達障害

れてみたい。本書は、政治学の研究者と社会福祉学の研究者が連動してこのプロジェクトを展開した。つまり政治学と社会福祉学の融合であり、それは新たなる学問の萌芽であるといっても過言ではないと考える。

政治学と社会福祉学との新たな融合、そしてこの本を読んでくださった読者の皆さんと連携し、近い将来日本でもダウン症のある人びとがテレビ番組で主人公になるようなそんな社会を築ければと思う。そしてそれは決して不可能なことではないと考える。

（文責：増田　公香）

本書は、Kieron Smith, 2011, *The Politics of Down Syndrome*, Alresford: Zero Books の翻訳である。筆者スミス氏の経歴は別掲の通りで、執筆時点で福祉学の学術的な専門家というわけではないが、ダウン症や障がいのある子どもたちを取り巻く政治的、社会的環境を幅広く考察している。イギリスのインディペンデント紙のルイス・アーヴィンも「本書は、スティグマ、インクルーシブ教育、特別なニー

のある人びとを対象としたカリフォルニア州独自の法律である。

ズについて、初めて政治を正面からとらえるやり方で取り上げた。……スミス氏はインクルーシブ教育と完全な社会における統合の実現を目指して闘っている。『ダウン症をめぐる政治』は、私たちの社会がようやく特別な支援の必要性について考え始めたところまではたどり着いたことを教えてくれる」（抜粋）と評している。(7)

原著はわずか80ページ程度の薄い本で、政治と福祉、教育、マスメディア、社会学などを幅広く網羅し、さまざまな切り口で、かつ時に乱暴とも思えるような口語調で問題を露わにする。障がい者の支援や人権をめぐる問題があまりにも複合的かつ複雑だと示し、それゆえに多様な手がかり、考えるヒントを提供してくれる。

また、彼の体験に基づくエピソードは、ときに目を覆いたくなるほど残酷なものだが、それが私たちの社会の現実であるならば、それを直視し、克服したい。共に生きる社会を実現したいという思いが本書に通底している。そしてそのすべての責任は政治にあるではないかとストレートに訴える。まだまだだが「ようやく」話せるところまで来た。だから話そうよ、そして政治を考えようよ、とい

(7) http://www.zero-books.net/books/politics-of-down-syndrome-the（2018年6月21日）

う「福音」こそが本書のテーマである。そして、障がいに限らず、互いを傷つけあうようなことが多い今の社会において、「自由とは何か」、「共生社会とは何か」等を考える時のテキストになっている。

翻訳については、先述の通り、政治と福祉、教育、社会学などを幅広く網羅するもので、「政治班」と「福祉班」を結成して共同の訳出作業に当たった。素訳を別掲の通りチームで担当、検討し、その後日本語の文体調整、訳語のチェック、専門的タームの検討を適宜議論しつつ行った。部分的に中田典子氏（元立教大学コミュニティ福祉研究所事務局員）、および上原公子氏（編集者、日本ダウン症協会富山支部支部長）のご協力とご助言を仰いだ。また明石書店の森本、神野両氏にも指導していただいた。感謝してお名前を記したい。

なお、現在では差別的かつ不適切な日本語を含む場合でも、以前広く使われていた訳語を用いた箇所があること、また、読者が専門家に限定されるべきではないという思いから適宜意訳を試みた点をご了承いただきたい。

訳者

文　献

Adeline, P. (2003), 'Prenatal Screening: A Personal View', *Understanding Intellectual Disability and Health* [Online], Available at: http://www.intellectualdisability.info/diagnosis/prenatalscreening-a-personal-view [23 June 2010].

'Against Fairness' (2010), *The Economist*, vol. 396, no. 8689, July 3rd-9th 2010, p.13.

Altman, L.K. (1979), 'Ruling Stirs Debate on Prenatal Genetic Testing', *St Petersburg Times* 7 February 1979 [Online], Available: http://news.google.com/newspapers?id=wP0NAAAAIBAJ&sjid=PHwDAAAAIBAJ&pg=5341,4968825&dq=history+of+prenatal+genetic+testing&hl=en.

Archivist (2003) 'Ethics of antenatal screening for Down's syndrome', *Archives of Disease in Childhood* vol. 88, no.7, p.607.

Armstrong, D. (2010) 'SEC Says Ex-Official of San Diego's Sequenom Official Made False Claims', *Bloomburg* 3 June 2010 [Online], Available: http://www.bloomberg.com/news/2010-06-03/ex-sequenomofficial-pleads-guilty-to-false-claims-on-down-syndrometest.html.

Balchin (2005) *Interim report on SEN* London: The Conservative Party [Online], Available: http://www.conservatives.com/pdf/specialneedsnov2005.pdf.

Barendregt, J.J. (2007) 'Economics and public health: an arranged marriage', *European Journal of Public Health*, vol.17, no. 2, pp.124.

Baudrillard, J. (2002) *Screened Out*, London: Verso.

BBC News (1998) 'Down's syndrome mother denies vanity' *BBC News* 14 November 1998 [Online], Available: http://news.bbc.co.uk/1/hi/health/216479.stm.

BBC News (2006) 'Make people happier, says Cameron' *BBC News* 22 May 2006 [Online], Available: http://news.bbc.co.uk/1/hi/uk_politics/5003314.stm.

BBC News (2010) 'David Cameron tackled over special needs in schools' *BBC News* 27 April 2010 [Online], Available: http://www.bbc.co.uk/news/10088172.

BBC Women's Hour (2006) Interview with Sian Hughes, *Woman's Hour BBC Radio 4* [Online], Available: http://www.bbc.co.uk/radio4/womanshour/03/2006_48_fri.shtml.

Betts, M. (2010) 'Two couples suing doctors for failing to diagnose Down Syndrome' *Herald Sun* 21 July 2010 [Online], Available: http://www.heraldsun.com.au/news/national/twocouples-suing-doctors-for-failing-to-diagnose-downsyndrome/story-e6frf7l6-1225894802548.

Blond, P. (2010) *Red Tory, How Left and Right have Broken Britain and How We can Fix It* London: Faber and Faber.

Borsay, A. (2005) D*isability and Social Policy in Britain Since 1750, a History of Exclusion* Basingstoke: Palgrave MacMillan.

Boseley, S. (2009) 'Is autism screening close to reality? Call for ethics debate as tests in womb could allow termination of pregnancies', *The Guardian* 12 January 2009 [Online], Available: http://www.guardian.co.uk/lifeandstyle/2009/jan/12/autismscreening-health.

Boyle, F. (2010) *My Shit Life So Far*, London: HarperCollins Publishers.

Briscoe, S. and Aldersey-Williams, H. (2009) *Panic-ology, What's there to be afraid of ?*, London: Penguin.

Brouwer, W Exel, J.V. Baal, P.V. and Polder, J. (2006) 'Economics and public health: engaged to be happily married!', *European Journal of Public Health*, vol.17, no. 2, pp.122-124.

Buckley, F. (2008) 'Informed Choices' *Frank Talk* 29 November 2008, [Online], Available: http://blogs.downsed.org/frank/2008/11/informedchoice.html [accessed 15 August 2010].

Buckley, F. and Buckley, S. (2008) 'Wrongful deaths and rightful lives - screening for Down syndrome', *Down Syndrome Research and Practice*, vol. 12, issue 2, October 2008 pp.79-86.

Burchill, J. (2010) 'Just how famous do you have to be to make it OK that you're a rapist or racist?' *The Independent* 14 July 2010 [Online], Available: http://www.independent.co.uk/opinion/columnists/julieburchill/julie-burchill-just-how-famous-do-you-have-to-beto-make-it-ok-that-youre-a-rapist-or-racist-2025993.html.

Carr, J and Greeves, L. (2007) *The Naked Jape, Uncovering the Hidden World of Jokes*, London: Penguin.

Carvel, J. (2001), 'Down's screening for all mothers-to-be', *The Guardian* 1 May 2001 [Online], Available: http://www.guardian.co.uk/society/2001/may/01/health.healthandwellbeing [accessed 15 August 2010].

Conservative Party (2010), *Invitation to Join the Government* - The Conservative Manifesto 2010 London: The Conservative Party.

Crookshank, F. G. (1925) *The Mongol in Our Midst: a study of man and his three faces*, New York: E.P. Dutton & Company.

Dalton, S. (2008) 'Is Frankie Boyle the UK's most shocking comic?' *The Times* 1 November 2008, [Online], Available: http://entertainment.timesonline.co.uk/tol/arts_and_entertainment/stage/comedy/article5037516.ece.

Department for Education, (2010) *Next steps on special educational needs and disabilities*, [Online], Available: http://www.education.gov.uk/news/news/sen-next-steps [accessed 7 July 2010].

Department of Education and Science, (1978) *Special Educational Needs: Report of the Committee of Enquiry into the Education of References Handicapped Children and Young People*, London: Department of Education and Science.

Department of Health, (2003) *Our Inheritance, Our Future, Realising the potential of genetics in the NHS* (summary), London: Department of Health.

Dobzhansky, T. (1995) 'Differences are not Deficits' in Jacoby, R. and Glauberman, N. (eds.) *The Bell Curve Debate, History, Documents, Opinions* New York: Random House Inc.

Dormandy, E. Michie, S. Hooper, R. and Marteau, T. (2005) 'Low uptake of prenatal screening for Down syndrome in minority ethnic groups and socially deprived groups: a reflection of women's attitudes or a failure to facilitate informed choices?' *International Journal of Epidemiology* Vol. 34, pp.346–352.

Down, J.L.H. (1866) Observations on an Ethnic Classifications of Idiots, *London Hospital Reports*, 3:1866, 259-262 [Online], Available: http://th-hoffmann.eu/archiv/down/down.1866b.pdf.

Down's Syndrome Association, (1999) *Experiences of Inclusion, For children with Down's syndrome in the UK*, London: Down's Syndrome Association.

Down's Syndrome Association (1999) *"He'll never join the army" People with Down's Syndrome Denied Medical Care* London: Down's Syndrome Association.

Down's Syndrome Association (2004) *Access to Education, a report on the barriers to education for children with Down's syndrome* London: Down's Syndrome Association.

Editorial, (2001) 'Perfect?' *The Economist*, Apr 12th 2001 [Online], Available: http://www.economist.com/node/574049.

English, V. and Sommerville, A. (2002) 'Drawing the line: the need for balance', in Lee, E (ed.) *Debating*

Matters, where should we draw the line, London: Hodder & Stoughton.

Faulkner, K. (2010) 'Frankie Boyle stuns audience with joke about Cumbria gun tragedy... just ONE DAY after 12 were shot dead' 11 June 2010 [Online], Available: http://www.dailymail.co.uk/news/article-1285796/Frankie-Boyle-jokes-Cumbria-shootings-ONE-DAYtragedy.html#ixzz0wnvlKWcD.

Fitzpatrick, M. (2009) *Defeating Autism, A damaging delusion*, Oxon: Routledge.

Foley, M (2008) 'Australia Relents in Down Syndrome Immigration Case' *New York Times*, 26 November 2008 [Online], Available: http://www.nytimes.com/2008/11/26/world/asia/27australia.html?_r=1.

Fox, S., Farrell, P. and Davis, P, (2004) 'Factors associated with the effective inclusion of primary aged pupils with Down's syndrome', *British Journal of Special Education*, vol. 31, no. 4, pp.184-190.

Fukuyama, F. (2002) *Our Posthuman Future, Consequences of the Biotechnology Revolution*, London: Profile Books.（フランシス・フクヤマ『人間の終わり――バイオテクノロジーはなぜ危険か』鈴木 淑美訳、ダイヤモンド社、２００２年）

Furedi, F (2004) Therapy Culture, *Cultivating vulnerability in an uncertain age*, London: Routledge.

Furedi, F. (2005) *Politics of Fear*, London: Continuum.

Furedi, F. (2008) *Paranoid Parenting, Why Ignoring the Experts May be Best for Your Child*, London: Continuum.

Gibson, D. (1978) *Down's Syndrome, the psychology of mongolism*, Cambridge: Cambridge University Press.

Gilbert, F. (2010), 'Special needs is a fad that harms children' *The Daily Telegraph* 22 July 2010 [Online], Available: http://www.telegraph.co.uk/education/7905258/Specialneeds-is-a-fad-that-harms-children.html

Glover, J. (1982) 'Letting people die' *London Review of Books* Vol. 4 No. 4, 4 March 1982 [Online], Available:

http://www.lrb.co.uk/v04/n04/jonathan-glover/lettingpeople-die.

Goffman, E. (1990) *Stigma, Notes on the Management of Spoiled Identity*, London: Penguin.（アーヴィング・ゴッフマン『改訂版　スティグマの社会学——烙印を押されたアイデンティティ』せりか書房、２００３年）

Gould, S.J. (1984) *The Mismeasure of Man*, Harmondsworth: References Penguin Books Ltd.

Gove, M. (2008), 'We need a Swedish educational system' *The Independent* 3 December 2008 [Online], Available: http://www.independent.co.uk/opinion/commentators/michael-govewe-need-a-swedish-educationsystem-1048755.html.

Harmon, A. (2004) 'Burden of Knowledge: Tracking Prenatal Health; In New Tests for Fetal Defects, Agonizing Choices for Parents' *New York Times* 20 June 2004 [Online], Available: http://www.nytimes.com/2004/06/20/us/burden-knowledgetracking-prenatal-health-new-tests-for-fetal-defectsagonizing.html?pagewanted=1.

Harris, R. and Andrews, T. (1988) 'Prenatal screening for Down's syndrome', Archives of Disease in Childhood vol. 63, no.7, pp.705-706.

Herrnstein, R.J. and Murray, C. (1994) *The Bell Curve, Intelligence and Class Structure in American Life*, New York: Simon & Schuster Inc.

HM Government (2010), *The Coalition: our programme for government* London: HM Government.

Hughes, S. (2009) *The Missing* Cambridge: Salt Publishing.

Huxley, A. (1977) *Brave New World*, London: HarperCollins Publishers.

James, S.D. (2009) 'Down Syndrome Births are down in the U.S.' *abc News* 2 November 2009 [Online], Available: http://abcnews.go.com/print?id=8960803 [accessed 24 June 2010].

Kuhse, H. and Singer, P. (1987) *Should the Baby Live? The Problem of Handicapped Infants*, Oxford: Oxford University Press.

Lamb, B. (2009), *Lamb Inquiry Special Educational Needs and Parental Confidence*, Nottingham: DCSF Publications, [Online], available: http://www.dcsf.gov.uk/lambinquiry/downloads/8553-lambinquiry.pdf.

Lawson, D. (2008) 'Shame on the doctors prejudiced against Down syndrome' *The Independent* 25th November 2008, [Online], Available: http://www.independent.co.uk/opinion/commentators/dominic-lawson/dominic-lawson-shame-on-the-doctorsprejudiced-against-down-syndrome-1033813.html [accessed 10 August 2010].

Loveys, K. (2010) 'Furious mother confronts comic Frankie Boyle over jokes about Down's syndrome victims' *Daily Mail* 9 April 2010.

Marrin, M. (2008) 'Parents of a Down's child must make painful choices' *The Sunday Times* 30 November 2008 [Online], Available: http://www.timesonline.co.uk/tol/comment/columnists/minette_marrin/article5258348.ece.

MENCAP (2007) *Death by Indifference, following up the Treat me right! Report* London: MENCAP.

Meyland-Smith, D. and Evans, N., (2009) *A Guide to School Choice Reforms*, London: Policy Exchange [Online], Available: http://www.policyexchange.org.uk/publications/publication.cgi?id=110.

Monckton, R. (2010) 'It makes my blood boil that so many normal children are deemed to have special needs' *Daily Mail* 29 July 2010 [Online], Available: http://www.dailymail.co.uk/femail/article-1298491/It-makesblood-boil-normal-children-deemed-special-needs.html.

NDSCR, (2008) *The National Down Syndrome Cytogenetic Register 2006 Annual Report* London: NDSCR.

Newton, R. and Down's Syndrome Association (2004) *The Down's Syndrome Handbook: a practical guide for parents and carers*, London: Random House.

NHS, (2010) Antenatal Appointments - Screening Tests [Online], Available: http://www.nhs.uk/Conditions/Antenatal-screening References/Pages/When-should-it-be-done.aspx.

Ofcom (2010), *Audience attitudes towards offensive language on television and radio* London: Ofcom [Online], Available: http://stakeholders.ofcom.org.uk/binaries/research/tvresearch/offensive-lang.pdf.

Pisa, N. (2010), 'Google executives convicted in Italy of violating privacy laws over bullying video', *The Daily Telegraph* 24 February 2010 [Online], Available: http://www.telegraph.co.uk/technology/google/7305616/Google-executives-convicted-in-Italy-of-violating-privacylaws-over-bullying-video.html.

Quarmby, K. (2006) 'Inclusion debate treads new ground, are ministers pulling back from their resolves to educate all pupils in the mainstream?', *The Guardian*, 31 January 2006.

Quarmby, K. (2010) 'Freedom of expression, or a very modern freakshow?' *Index on Censorship Blog* 25 February 2010, [Online], Available: http://blog.indexoncensorship.org/2010/02/25/google-italydisability-privacy/.

Ryan, J. and Thomas, F. (1987) *The Politics of Mental Handicap*, London: Free Association Books.

Scope, (2008) *Getting Away with Murder, Disabled people's experiences of hate crime in the UK*, London: Scope.

Select Committee on Education and Skills Third Report, (2006) Brief history of Special Educational Needs (SEN)' [Online], Available: http://www.publications.parliament.uk/pa/cm200506/cmselect/cmeduski/478/47805.htm.

Seyman, S. (2007), *People with Down's syndrome - Your Questions Answered* London: Down's Syndrome Association.

Shakespeare, T. (2008) 'Are we really more accepting of Down's syndrome?' *The Guardian* 24 November 2008

[Online], Available: http://www.guardian.co.uk/commentisfree/2008/nov/24/disability-children.

Skotko, B. (2005) 'Mothers of Children with Down Syndrome Reflect on Their Postnatal Support' *Pediatrics* vol. 115, no. 1, January 2005, pp. 64-77.

Skotko, B.G. (2009) 'With new prenatal testing, will babies with Down syndrome slowly disappear', *Archives of Disease in Childhood* vol.94, no.11, pp.823-826.

Smith, S. (2010) *'Punching me in the face would have been preferable...'* [Online], Available: http://k1tt3ns.blogspot.com/2010/04/punching-me-in-facewould-have-been.html.

Sontag, S. (1991) *Illness as Metaphors and Aids and its Metaphors*, London: Penguin.（スーザン・ソンタグ『隠喩としての病い　エイズとその隠喩』富山太佳夫訳、みすず書房、２０１２年）

Taylor, S. (2004) 'The Right Not to Work, Power and Disability', *Monthly Review*, vol. 55, no. 10, March, pp.30-44.

The Commission on Special Needs in Education, (2007) *The Second Report of the Commission on Special Education Needs* London: The Conservative Party.

The Conservative Party (2009) *Big Society, Not Big Government* London: The Conservative Party.

Tickle, L. (2009) 'Should working with pupils with special educational needs be an essential part of teacher training?' *The Guardian*, 10 February 2009, [Online], available: http://www.guardian.co.uk/education/2009/feb/10/specialeducational-needs.

Tizzard, J. (2002) 'Designer babies' : the case for choice' in Lee, E (ed) *Debating Matters, where should we draw the line*, London: Hodder & Stoughton.

Tragester, C. (2010) 'Behind One Biotech's Meltdown' *Voice of San Diego* 6 July 2010 [Online], Available: http://www.voiceofsandiego.org/science/article_2d12ed7e-8976-11df-aed1-001cc4c03286.html.

Tuckey, B. (2010) 'The boy in the corner: Why do children with special needs still get such a raw educational deal?', *The References Independent*, 11 April 2010.

UK National Screening Committee (NSC), (2008) *NHS Fetal Anomaly Screening Programme – Screening for Down's syndrome: UK NSC Policy recommendations 2007-2010: Model of Best Practice*, London: NSC.

United Nations *Declarations and Reservations* [Online], Available: http://www.un.org/disabilities/default.asp?id=475.

Walker, P. (2010) 'Frankie Boyle meets his match in mother of Down's syndrome child', *The Guardian* 8 April 2010.

Warnock, M. (2007) *Special Educational Needs: a new look* London: Philosophy of Education Society of Great Britain.

Warnock, M. and Norwich, B. (2010) *Special Educational Needs, a new look*, London: Continuum.

West, P. (2010) 'Frankie Boyle's Down's syndrome 'joke' was despicable – but we still need him' *The Telegraph* 9 April 2010 [Online], Available: http://blogs.telegraph.co.uk/culture/pwest/100007561/frankie-boyles-downs-syndrome-joke-was-despicable-but-westill-need-him/comment-page-1/.

Wilkinson, E. (2010) 'Simple test could detect Down's', *BBC News* 30 June 2010 [Online], Available: http://www.bbc.co.uk/news/10453774.

Wright, O. and Frean, A. (2003) 'Down's screening for all mothers to be' *The Times*, 22 October 2003.

Žižek, S. (2009) *First as Tragedy*, Then as Farce, London: Verso.

障害者グループホーム利用者の利用継続を促進/阻害する要因に関する研究』（単著、中央法規出版、2015)、『障害者に対する支援と障害者自立支援制度—障害者福祉制度・障害者福祉サービス[第4版]【社会福祉士シリーズ14】』（共著、弘文堂、2018）など。

溝口　修平（みぞぐち　しゅうへい）（第4章担当）
中京大学国際教養学部准教授。専攻は、比較政治学、ロシア政治。博士（学術)。
著書・論文に『連邦制の逆説?—効果的な統治制度か』（共編著、ナカニシヤ出版、2016)、『ロシア連邦憲法体制の成立—重層的転換と制度選択の意図せざる帰結』（単著、北海道大学出版会、2016)、「ロシアにおける1993年憲法体制の成立と変容—憲法改正なき変容から憲法改正を伴う変容へ」（『レヴァイアサン』第60号、2017）など。

柳原　克行（やなぎはら　かつゆき）（第1章担当）
大同大学教養部人文社会教室教授。専攻は政治学、現代カナダ政治。博士（法学)。
著書・論文に『模索する政治—代表制民主主義と福祉国家のゆくえ』（共著、ナカニシヤ出版、2011)、『連邦制の逆説?—効果的な統治制度か』（共編著、ナカニシヤ出版、2016)、『入門政治学365日』（共著、ナカニシヤ出版、2018)、など。

結城　俊哉（ゆうき　としや）（訳者代表、第3章担当）
立教大学コミュニティ福祉学部教授。専攻は、障害福祉学。博士（社会福祉学)。日本福祉文化学会理事。
著書・論文に『障害科学の展開3　生活支援の障害福祉学』（共編著、明石書店、2007)、『ケアのフォークロア—対人援助の基本原則と展開方法を考える』（単著、高菅出版、2013)、『共に生きるための障害福祉学入門』（編著、大月書店、2018）など。

東野　篤子（ひがしの　あつこ）（第4章担当）

筑波大学人文社会系国際公共政策専攻准教授。専攻は、現代ヨーロッパの国際関係。

論文・著書に「ヨーロッパ統合研究への『安全保障研究のコペンハーゲン学派』の適用をめぐる一考察　EU拡大を事例として」（『法学研究』82(5). 2009)、『コンストラクティヴィズムの国際関係論』（共著、有斐閣、2013)、"A partnership postponed? Japan-EU cooperation in conflict resolution in East Asia",（*Asia-Europe Journal*, 14(4), 2016）など。

福井　英次郎（ふくい　えいじろう）（第2章担当）

埼玉県立大学保健医療福祉学部非常勤講師。専攻は、欧州政治。

著書・論文に「世論調査から見たアジアにおけるEU認識―規範的パワー論の批判的考察」（『法学政治学論究』82、2009)、『EUの規範政治』（共著、ナカニシヤ出版、2015）など。

増田　公香（ますだ　きみか）（第3章担当）

横浜市立大学国際総合科学部教授。専攻は、障害福祉学。博士（社会福祉学)。

著書・論文に『当事者と家族からみた障害者虐待の実態―数量的調査が明かす課題と方策』（単著、明石書店、2014)、「差別禁止（第5条）~特集障害者権利条約の実行状況の評価と論点―26か国への総括所見から」（日本障害者リハビリテーション協会『リハビリテーション研究』No.165、2015）など。

松尾　秀哉（まつお　ひでや）（序章担当）

龍谷大学法学部教授。専攻は、ヨーロッパ政治論。博士（学術)。

著書・論文に「わが国の臓器移植法改正における新制度論の検討―フランスとベルギーの安楽死をめぐる判決の相違から発想をえて」（聖学院大学総合研究所『聖学院大学総合研究所ニューズレター』Vol.18-3、2009)、『物語ベルギーの歴史』（単著、中公新書、2014)、『入門政治学365日』（編著、ナカニシヤ出版、2018)、『現代世界の陛下たち』（共著、ミネルヴァ書房、近刊）など。

松永　千恵子（まつなが　ちえこ）（第5章担当）

国際医療福祉大学医療福祉学部教授。専攻は、障害福祉学。社会福祉学博士。日本ソーシャルワーカー協会理事、日本社会福祉学会評議員。

著書・論文に、単著『知的障害者がグループホームに住めない理由―知的

【訳者紹介】（五十音順）

市川　顕（いちかわ　あきら）（第2章担当）
東洋大学国際学部准教授。専攻は、拡大EU政治・ガバナンス論。博士（政策・メディア）。政策情報学会理事・政治社会学会理事・国際公共経済学会理事。
著書・論文に『体制転換とガバナンス』（共編著、ミネルヴァ書房、2013）、『EUの社会経済と産業』（編著、関西学院大学出版会、2015）、『ASEAN経済共同体の成立―比較地域統合の可能性』（編著、中央経済社、2017）など。

臼井　陽一郎（うすい　よういちろう）（監訳者、第5章担当）
新潟国際情報大学国際学部教授。専攻は、EU政治。日本EU学会理事、グローバル・ガバナンス学会理事。
著書・論文に『環境のEU、規範の政治』（単著、ナカニシヤ出版、2013）、『EUの規範政治』（編著、ナカニシヤ出版、2015）、『入門政治学365日』（編著、ナカニシヤ出版、2018）など。

小松﨑　利明（こまつざき　としあき）（第2章担当）
天理大学国際学部准教授。専攻は、平和研究、国際法。
著書・論文に、『紛争と和解の政治学』（共著、ナカニシヤ出版、2013）、『EUの規範政治』（共著、ナカニシヤ出版、2015）、『入門政治学365日』（共著、ナカニシヤ出版、2018）など。

高島　恭子（たかしま　きょうこ）（第1章担当）
長崎国際大学人間社会学部社会福祉学科教授。専攻は、障害福祉学。修士（社会福祉学）。日本ソーシャルワーカー協会理事。
著書・論文に『新社会福祉士養成課程対応就労支援サービス』（共著、みらい社、2015、第5章2・第5章コラム担当）、「発達障害がある学生への大学における就職支援」（長崎国際大学研究センター『長崎国際大学論叢』第18巻、2018）など。

千田　航（ちだ　わたる）（第1章担当）
釧路公立大学経済学部講師。専攻は、比較政治・福祉政治。博士（法学）。
著書・論文に『福祉政治』（編著、ミネルヴァ書房、2012）、『社会への投資』（編著、岩波書店、2017）、『フランスにおける雇用と子育ての「自由選択」』（単著、ミネルヴァ書房、2018）など。

【著者紹介】

キーロン・スミス（Kieron Smith）

ウィンチェスター大学卒業後、ベスト・リトル書店株式会社（Best Little shop Limited）、インターネット書籍を中心に販売しているブック・ディポジトリー（Book Depository）を経た後、ダウン症のある子どもたちのための教育の国際機関「ダウン症教育インターナショナル」（Down Syndrome Education International）※で働く。現在はブラックウェル書籍（Blackwell's Bookshop）のデジタル版部門の責任者をしながら、ウィンチェスター大学の博士課程で調査研究に勤しんでいる。

※ 30年以上前に設立され、170か国以上のダウン症のある子どもたちにかかわっている民間団体である。

ダウン症をめぐる政治
——誰もが排除されない社会へ向けて

2018年9月10日　初版第1刷発行

著　者　キーロン・スミス
監訳者　臼　井　陽一郎
訳者代表　結　城　俊　哉
発行者　大　江　道　雅
発行所　株式会社 明石書店
〒101-0021　東京都千代田区外神田6-9-5
電　話　03（5818）1171
FAX　03（5818）1174
振　替　00100-7-24505
http://www.akashi.co.jp

組版　朝日メディアインターナショナル株式会社
装丁　明石書店デザイン室
印刷・製本　モリモト印刷株式会社

（定価はカバーに表示してあります）　ISBN978-4-7503-4713-4

ダウン症の歴史

デイヴィッド・ライト 著
大谷誠 訳　公益財団法人日本ダウン症協会 協力
■四六判／上製／256頁 ◎3800円

中世、啓蒙主義の時代、そして施設隔離政策と優生学の時代をへて獲得した社会統合への道のりの中で、ダウン症・知的障害はどう認識され、位置付けられてきたのか。ダウン症のある人々の歴史を、医学的進展の面だけでなく社会的・政治的文脈から捉え直す論考。

―― 内容構成 ――